哈佛学生最喜欢的

推理游戏

《学生悦读文库》编写组　编著

江西教育出版社
JIANGXI EDUCATION PUBLISHING HOUSE

图书在版编目（ＣＩＰ）数据

哈佛学生最喜欢的推理游戏 / 《学生悦读文库》编写组编著. -- 南昌：
江西教育出版社，2013.11
　　（学生悦读文库）
　　ISBN 978-7-5392-7195-8

　　Ⅰ. ①哈… Ⅱ. ①学… Ⅲ. ①智力游戏－青年读物②智力游戏－少年读物
Ⅳ. ①G898.2

中国版本图书馆CIP数据核字(2013)第260649号

哈佛学生最喜欢的推理游戏

HAFO XUESHENG ZUI XIHUAN DE TUILI YOUXI

　　《学生悦读文库》编写组　编　著

江西教育出版社出版
（南昌市抚河北路291号　邮编：330008）
各地新华书店经销
北京彩虹伟业印刷有限公司印刷
710mm×1000mm　　16开本　　12.5印张　　字数150千字
2014年1月第1版　　2019年8月第2次印刷
ISBN 978-7-5392-7195-8

定价：36.00元

赣教版图书如有印制质量问题，请向我社调换　电话：0791-86705984
投稿邮箱：JXJYCBS@163.com　　　　　电话：0791-86705643
网址：http://www.jxeph.com

赣版权登字-02-2013-330

目 录

第一讲 哈佛教你——拾遗补缺的推理秘诀

第五讲　哈佛教你——依靠科学洞察事实真相

第六讲　哈佛教你——条分缕析成就推理高手

目录

第一讲

哈佛教你——拾遗补缺的推理秘诀

狡猾的走私者

亨利的职责是在某个边境关卡检查那些入境车辆是否带有走私物品。除休假外，每天傍晚时分，他总能见到一个工人模样的小伙子，从山坡下面用自行车推着一大捆稻草向出入境检查站走来。每当这时，亨利总要叫住那人，要他将草捆解开，详细检查一番，接着也会翻一遍这个人的衣袋，看看能否搜出点金银珠宝之类或别的什么走私品，但遗憾的是每次都未能如愿，尽管他一次比一次搜查得仔细，可是就是查不出什么来。不过在心里，他料定此人一定是在搞走私。

退休离开关卡的前一天，亨利又见到那个人了，说："我今天是最后一班岗。我知道你一直在携带走私物品入境。你能否告诉我，这些年来你屡屡得手，究竟贩运的是什么物品？要是你告诉我，我绝对为你保住秘密，决不食言！"

那小伙子沉吟片刻，最后，笑着向亨利透露了底细，亨利这才恍然大悟。

★牛刀小试★

你能猜出亨利疏忽了哪个地方呢？
亨利检查时疏忽了最容易发现的地方——自行车。

脆弱的玻璃

美国奥克兰市一个大型珠宝展览会上，到处人山人海，人们为展出的各色精美珠宝而赞叹。突然，一个男子迅速走到装有一粒价值连城的钻石的玻璃柜前，趁人不注意抢起锤子一砸，玻璃"哗啦"一声破裂开来，大家都被这突如其来的声音惊住了，瞬间会场乱作一团。这个男子趁大家忙乱之际抢出钻石，很快逃离。

接到报案的警察迅速赶到现场，被盗的珠宝商对警察哭诉道："柜子是用一家防盗公司制造的特殊防盗玻璃做的，非常的坚固，别说锤子，就是子弹打上去也不会破裂呀！"经过调查，确认那个被罪犯砸碎的玻璃柜子的确是用防盗玻璃做的。

警方百思不得其解，为什么这名男子用锤子轻轻一砸玻璃柜便四分五裂了。于是向名侦探罗曼德请教。罗曼德略一思索，便根据防盗玻璃的特性，分析出了谁是罪犯。

★牛刀小试★

你知道谁是罪犯吗？你能说出罗德曼是如何分析出的吗？

玻璃柜子的制造者。这种钢化的防盗玻璃，尽管可以防砸防弹，但是只要上面有一个小小的裂缝，便会失去防盗的作用。因为只要照着裂缝处用点劲儿，玻璃就会碎裂开。知道这种专业常识的人很少，再加上要在很短的时间里找到肉眼难以发现的裂缝，能做到的人，只有玻璃柜子的制造者或售卖者。

墙上逼真的赝品

法国奥赛博物馆，一幅梵高的原作失窃了。馆长向前来的侦探长安德鲁介绍说："这个窃贼相当精明，他将一幅逼真的临摹品挂在墙上，直到昨天，才被一位来博物馆参观的艺术教授发现。"

安德鲁经过调查了解到有一批艺术学院的学生喜爱临摹，便向馆长要了艺术学院来临摹过梵高画的学生名单。参加临摹的一共有五个人，安德鲁通知这五个学生带临摹作品到博物馆来。

五个学生中有四人带了临摹作品来了。只有一个名叫奥黛丽的女学生没带作品来，她解释说："我把它卖了，我知道博物馆的临摹品是不该卖的，但我需要钱来交学费。"

"你将画卖给谁了？他有什么特征？"

"卖给一个三十多岁的男人。是他提出买画的，以后我再也没看见他。"玛丽竭力回忆着，"他像是左手缺了根小拇指。"

安德鲁又领着奥黛丽来到挂画的地方，那里挂着的果然是奥黛丽那幅临摹品。奥黛丽非常沮丧，只得尽自己的记忆，将那个人的像画出来交给安德鲁。

安德鲁回到警署，找遍了罪犯的档案，也没有发现奥黛丽所说的人。

他就把注意力又集中到博物馆中。博物馆的五个清洁工人正在打扫，他像是发现了什么，问馆长："你们有没有男清洁工？"

"我们馆里共有六名清洁工，可都是女性，没有雇用过男清洁工。"

安德鲁说："窃贼成功地换走了梵高的名画，他可能还会如法炮制的，我们必须加强戒备。"

第二天，到下班时，安德鲁又来到艺术博物馆。他发现昨天轮休的女清洁工今天来了。她中等身材，三十多岁，戴着工作手套，从一个房间打扫到另一个房间。由于光线比较暗，那名女工没有看见安德鲁。她走到毕加索的一幅小画前，利索地把那幅画从墙上取下，然后从垃圾箱里拿出一幅逼真的临摹作品，把它挂在原画的所在处，再把毕加索的画放进垃圾箱里，整个过程就用了几秒钟。

安德鲁走上前去，拦住她："你很聪明，但你也有疏忽，你忘了一件事，所以我跟踪你，并当场目睹你了第二次偷画。"

那"女工"用男人的声音问道："你怎么知道是我？"

★牛刀小试★

你知道安德鲁怎么判断出这个"女清洁工"就是窃贼的吗？

有学生凭记忆画出的像，还有对于"清洁工"手上戴手套的怀疑与安德鲁的细心观察："清洁工"因为要掩饰缺陷，戴手套就会与别的清洁工有些区别，而且戴手套干活的时候，左手没有小拇指的地方与右手的区别就会变得更明显。

4

小·木屋藏尸案

登山运动员班杰明的尸体于2月23日下午5点30分被人发现在雪山上的一间小木屋里。

罗曼德探长带领助手赶到小木屋，一面勘验尸体，一面搜查凶手的行踪！

尸体的解剖结果显示，班杰明的死亡时间在当日下午2点30分至3点30分。而山下旅馆的老板表示3点整曾和班杰明通过电话，这样一来，其死亡时间范围缩小至3点到3点30分！

经过调查，涉嫌者有三人。这三个人和班杰明同在一家登山俱乐部，听说最近为了远征喜马拉雅山的人选及女人、借款的关系，分别和班杰明发生过激烈的冲突。为了避免发生冲突，三人都换到山下的旅馆去住，只留班杰明一人在木屋里。

三人中的博格服务于证券公司，正午时离开小屋，沿着山路下山，5点多到达旅馆。走这段路花5小时20分算是脚程相当快的人，最快的纪录是4小时40分。

另外服务于杂志社的比尔和贸易公司的鲍勃2点30分一同离开小屋。到一条分岔路时，比尔就用制动滑降往下滑，5点整到达山庄。

而鲍勃利用制动滑降行驶一段距离后，本打算再滑雪下去，怎奈滑雪工具不全，只好走下山，到达山庄已经8点多了。他在上一次登山中，弄伤了腿，所以从滑雪处走到山庄行动不便，全程计算起来至少要花6小时！

鲍勃说遗失的滑板后来在山庄附近的树林中被发现。

★牛刀小试★

你能从给出的以上线索中判断出凶手到底是谁吗？判断的依据是什么？

博格。博格中午离开小屋后并未走远，等2点30分比尔和鲍勃都离开后，班杰明与旅馆老板通过电话后，便进入小屋杀了他。博格行凶之后离开小屋之时为3点10分左右，随即从东边往下跑，跑到半山腰，便偷了鲍勃放在那儿的滑板，一口气滑向山庄，所以5点20分就到达了目的地。

奇特的绑架案

某个深秋的夜晚，洛杉矶市某董事长7岁的儿子被绑架了，绑匪开口索要5万美元赎金。

绑匪在电话里说："赎金要全部是旧百元纸币500张现钞，普通包装，务必在明天上午邮寄出来，地址是查尔斯顿市伊丽莎白街2号，西迪卡塞姆。"绑匪接着又威胁说，"假使你事前调查收件地址或者报警，就当心孩子的生命！"

董事长非常惊慌，为了顾全孩子的性命，一面筹集绑匪要的赎金，一面委托私家侦探布鲁克暗中调查。

事关一个7岁孩子的生命，布鲁克也不敢轻举妄动。于是，他乔装成百科辞典的推销员，到绑匪所说的地址前往调查。布鲁克发现绑匪给的收件地址的城市名是真的，而具体的门牌号和人名却是虚构的。

弄了一个不存在的地址和不存在的收件人，难道绑匪不打算要赎金吗？绝对不是！

一阵沉思后，布鲁克灵光一闪，终于被他推断出了绑匪的真面目。

第二天，布鲁克在当地警方的协助下顺利地捉到了那个凶犯，并救出了被绑架的小孩。

★牛刀小试★

你能猜出谁是绑架董事长儿子的绑匪吗？有什么依据吗？

当地收件的邮差。乍一看，没有地址，姓名不对，而凶手偏偏指定让采用邮寄方式，那么可能是寄达地的邮差知道这些。不过根据人的心理，为了拿到赎金，罪犯不想在未送达之前就被其他人发现，所以只能是本地收件的邮差（或者收件和寄件的邮差是同一个）。

谁偷走了硬币

在一家宾馆里，夜晚时分，一位清洁工正在擦拭前厅的内线电话。突然旁边传来了玻璃被敲碎的声音，接着警报声响了。大厅里有一个展览橱，里面陈列着纪念这家宾馆成立50周年的纪念品：该宾馆的第一份菜单，每个房间的价目表，一些珍贵的硬币、邮票和照片，还有第一位尊贵客人的签名等。

值夜班的经理和其他员工听到警报声很快赶到大厅，经查发现一枚珍贵的硬币不见了，经理见附近只有三个客人，便坚决而有礼貌地请求他们在此等候，直到警察到来。

"我们一直在看着他们，"经理对赶到的警察说，"那个坐在扶手椅上看书的是布兰妮女士，她说她刚吃完夜宵，我们要求她待在这里时，她很合作，坐下后就从公文包里拿出一本书来看。"

"坐在沙发上的是布莱尔先生，他说他刚从房间里出来，到前台拿了几片阿司匹林，因为他妻子有点头疼。我们留住他后，他曾经用投币电话给妻子打了个电话，我们在旁边听到他说自己要等一会儿，不要着急。"

经理又指着衣服破烂的男人说："这是波特先生，他刚从宾馆的酒吧里出来，侍者拒绝再给他上酒，他就来到这里游逛。我们在电梯里找到了他，当时他手指被电梯按钮夹住了。"

"偷东西的人绝对没有想到我们装了警铃，"经理说道，"也许那个贼早就逃之夭夭了，我们抓不住他了。"

然而警察却说："不，我已经知道这个偷硬币的贼是谁了！"

★牛刀小试★

你知道警察断定的偷币贼是谁吗？警察凭什么断定的呢？

布莱尔。前台明明有内线电话，布莱尔却用麻烦又费钱的投币电话跟房间里的妻子通话，而且说的话显然是有所指的。

谁割断了油管

一个夏天的早晨，参加"海盗之旅"的9名游客登上了"幸运"号机帆船。9名游客中有5男4女。4位女游客都已五十开外。在5位男游客中，约翰26岁，是伦敦一家药店的老板；49岁的杰弗逊是开杂货铺的，还是业余摄影爱好者，身体有点残疾，左腿微跛；

50岁的奥德里奇是一位出租车司机；艾伯特和亚摩斯都已是60多岁的老头，早已退休。他们此行的目的是效仿海盗，乘帆船，顺海盗的踪迹，穿梭于赫布里奇群岛和各岛屿之间，最后到达摩勒岛——三百年前海盗的巢穴。

下午4点30分，船终于靠岸了。9名游客顺着一条小路前进，小路两旁是灌木丛林和长得齐人高的杂草，颇为难行。"看呀！约翰先生，真想不到在这荒岛上竟然还长这种植物。"女旅客凯特拔起一捧像杂草样的植物给约翰看。

"这是什么？"约翰问。

"你不认识它？"约翰摇摇头。"这是款冬花，你开药店对吗？它是一种药草，可制作麻醉剂。"凯特介绍道。

大家一路兴高采烈，不知不觉绕过一堆土丘，一座颓败的古堡赫然耸立在游客面前。

"女士们，先生们，这就是海盗曾住过的古堡，现在是4点55分，海盗幽灵将接待你们20分钟，与你们合影留念，请你们准备好相机。"船长安德鲁介绍完后便让游客走进古堡，自己却和4位工作人员来到离古堡50米处的一幢木屋里，坐在桌前喝酒。

5点01分，船长和伙伴们刚想离开，突然见屋外有个人影一闪，待他们跑出屋去查看，人已没有踪影了。船长明白，肯定是"幸运"号上的一名游客在偷听他们的谈话。他们在屋外四周搜寻了一会儿，没有发现什么，便回到古堡。时间正好是5点10分。此时，9名游客已准时集合在一起等他们了。

5点23分，他们回到"幸运"号上，等待着开船返航，却发现发动机进油管被人割断了。船长立刻明白了，一定有人搞鬼，而此人就在9名游客当中。

★牛刀小试★

你知道这个搞鬼的人是谁吗？能够证明你推断的依据是什么？

约翰。约翰是药店老板，竟然不知道款冬花这种草药。安德鲁船长发现屋外有人时，工作人员都在屋内，待安德鲁等人回到古堡时，9名游客又都在。仅仅9分钟的时间，能在这么短的时间内跑过杂草丛生的小路去船上把发动机的进油管割断，再返回到古堡，这只有年轻体壮的人才能做到。

情报员之死

20世纪30年代的一天深夜，西班牙秘密情报员贾斯丁驱车向郊外的一个小镇驶去，15分钟之前，他截获了一条重要的情报，这情报关系到50公里外一个发电厂的生死存亡：第二天清晨4点，已经安装在发电厂机组里的炸弹就要爆炸。他必须将这重要情报报告给设在小镇的秘密警察组织，请他们火速赶到现场，排除这次爆炸事故。

车刚驶出他寓所的便道，他便发现迎面飞速开来一辆卡车。贾斯丁凭着自己数十年的经验和直觉，觉得这辆卡车来者不善，几乎在卡车接近他轿车的一刹那，贾斯丁已打开了车门，跳出了车外。"轰"的一声，他的轿车被卡车撞翻了。

贾斯丁在地上打了几个滚，顾不得摔破的膝盖已淌满了血，飞快地往便道的另一头逃去。凭着直觉，他已感到身后至少有两个人在追赶着自己。他虽然带着手枪，但他并不想转身反击身后的暴徒。他明白自己的重要任务：必须赶到小镇，将情报火速送出去，解除发电厂的重大危机。他弯着腰拼命地往前跑，他想，便道的尽头或许会有出租汽车……

身后的暴徒马上要追上了，但暴徒也没有开枪。他们想抓活的，不到万不得已，他们是不会开枪的。

这便道很窄，宽度不到5米，贾斯丁跑着跑着，突然发现迎面又驶来一辆车子。车子开得很快，两只车灯照出耀眼的光，这灯光炫得贾斯丁睁不开眼来。贾斯丁心里镇定，当汽车驶近时，他急忙向道旁躲去……但是，当那辆车从贾斯丁身旁驶过的一刹那间，贾斯丁却被撞死了。

当亚瑟警长赶到现场时，暴徒和车子刚刚逃走。关于这次爆炸发电厂的情报，亚瑟警长已通过另外的渠道截获，当贾斯丁驱车离开寓所时，亚瑟警长已解除了发电厂的危险，他怕贾斯丁有意外，亲自赶到贾斯丁这儿来，没想到来晚了一步。亚瑟警长看了看5米宽的便道，打开手电又看了看地上的轮迹。他已躲开了亮着两只车灯的汽车，躲到了路旁，有5米宽的大汽车吗？显然不可能，怎么还会被压死呢？

★牛刀小试★

你能说出贾斯丁的车祸是怎么发生的呢？对你有何启悟呢？

贾斯丁看到两只车灯，就往旁边躲去。他没想到，其实，迎面来的不是一辆车，而是两辆并行的车子，他之所以认为只有一辆车撞来，是因为向自己迎面而来的两辆车各只开了一盏靠里侧的灯。

9 清晰的指纹

布兰妮是一位畅销书作家，但并没有赚很多钱，因为当初出版商詹妮弗小姐用很低廉的价格买下了版权。

有一天，警察局汤姆斯局长告诉她，詹妮弗两天前在公寓被害，凶残的凶手对准她连开了10枪，当场身亡。根据调查，当天晚上和詹妮弗接触过的人只有布兰妮、印刷厂负责人汤姆和詹妮弗的

前夫库克。警方把他们都请到警察局，协助调查。

布兰妮听到发生这样的惨剧，吓得哭了起来。她说，当天晚上8点左右她去过詹妮弗那里，两人讨论了重新签订版税合同的事情。詹妮弗还倒了一杯冰镇饮料给她喝，约5分钟后她就离开了。

汤姆则很激动地表示自己是完全无辜的。他当天在8点左右去过詹妮弗家里，准备向詹妮弗讨回欠印刷厂的费用，可是詹妮弗只礼貌性地给他倒了杯冰镇苏打水，根本不谈还钱的事情。他一怒之下就骂骂咧咧地离开了，楼下看门的老头能证明这一点。

库克虽然因为财产问题和詹妮弗离婚，可是离婚后他们还是好朋友。听到詹妮弗被害的消息后，库克悲痛欲绝。他回忆说，那天晚上詹妮弗的情绪很不好，他喝了杯白开水，安慰了她几句就离开了，想不到竟然发生了这样的悲剧。说到这里，库克难过地痛哭起来。

听完三个人的说法后，汤姆斯局长很茫然，一方面他们都完全没有足够的杀人动机，另一方面现场没有留下任何线索，凶手连弹壳都收走了，就连使用过的玻璃杯上，都只有死者自己的清晰指纹，但这并不能说明什么。

汤姆斯局长只好求助于罗曼德侦探。罗曼德听完后，沉思了一会儿问道："案发那天晚上，大概有37℃，是吗？"局长点了点头。罗曼德接着又问道："如果杯子上被害人的指纹十分清晰的话，凶手就显而易见了。"汤姆斯局长有点摸不着头脑。

★牛刀小试★

你知道罗曼德侦探话中所说的罪犯是谁吗？理由是什么呢？

库克。在炎热的天气里，冰镇饮料会让杯子迅速结出一层水露，常温下放置一会儿后，温度会升高，水露被蒸发掉，这样死者留下的指纹就应该是模糊的。库克喝的是白开水，他的指纹虽然没有留下，可能被他抹掉了，但是水杯上清晰的死者的指纹，说明她是喝常温水的时候死去的。

丢了一颗珍珠

警长罗宾斯接到报案——富翁福斯特家失窃了。罗宾斯赶到福斯特家里。

"警长你好，你能来太好了。"福斯特急切说道，"你知道，我有一个非常名贵的鲁米埃尔首饰盒，这是著名的工艺大师鲁米埃尔的杰作，在他去世前，总共完成了四个这样的首饰盒。很幸运，我得到了其中的一个。我在首饰盒里放了一串珍珠项链，上面有整整一百颗珍珠。我总是把首饰盒的钥匙挂在脖子上的。昨天我举办了一场宴会，期间把首饰盒拿出来供大家欣赏，因为它本身就是一件珍宝。之后有人想看看这个首饰盒里面放的珍珠项链，于是我拿出钥匙打开盒子，但是令人吃惊的是，首饰盒上的金锁居然被人弄坏了，好像有人想强行打开它一样！我的钥匙根本不管用了。"

福斯特郁闷地继续说道："我不得不把金锁撬开。幸运的是项链还在里面，我松了一口气。但是当我数了一下项链上的珍珠的时候，奇怪的是只剩下了99颗珍珠。我觉得不可思议，又重新数了好几遍，还是99颗！窃贼一定是设法打开了首饰盒，同时弄坏了那把很值钱的金锁。可是令人奇怪的是为什么只拿走了一颗珍珠，然后又把盒子锁上。真是太匪夷所思了。警长，请您快帮帮我吧。"

罗宾斯向福斯特要了另外三个拥有其他同样首饰盒的人的名字，然后又要了一份参加宴会的客人名单，发现真的有一个名字是拥有另外一个首饰盒的人。

"我想这个人就是那个窃贼了。"

★牛刀小试★

你知道罗宾斯警长凭什么断定这个人就是窃贼的呢？

窃贼想要的不是珍珠，而是鲁米埃尔首饰盒。他为了不让福斯特起疑心，仿造了一个珍珠项链，然后在宴会中换走了福斯特的首饰盒。但不幸的是仿造的项链少了一颗珍珠，被细心的福斯特发现了，才被罗宾斯道破。

聚会上的窃贼

约克镇的人们尤其喜欢在冬天的晚上在家举办各种聚会。这一年的冬天，镇上有名的富婆艾薇儿夫人在自己家里举办了一个别开生面的聚会。宾客来了很多，大家都非常高兴，一直玩到凌晨2点钟还不肯散去。

这时，女主人艾薇儿突然发现自己收藏的价值连城的罗马雕塑不见了。雕塑一直放在大厅入口的桌子上。艾薇儿大叫不好，并立刻报了警。

警察赶到时，宾客们都聚集在客厅里，艾薇儿正站在众人前面，情绪很激动，大声说着："你们谁拿了我的宝贝雕塑，快点给我交出来，否则就等着坐牢吧!"

警察搜遍了整个房间以及客人们的汽车，都没有找到雕塑。

"你们得询问一下客人了。"艾薇儿对乔治探长说，"虽然我想也不会有什么用处，在这样氛围的聚会里，人们连自己做了些什么都记不住，更别说去注意别人的行动了。"

警察开始对宾客展开逐一的盘问。

首先是约翰·菲利普斯先生，他走上前说："我和布兰妮小姐一样，是最早一批到达的客人，我始终没有离开过这间屋子。如果其他人没有注意到我的话，那是因为我有一半时间都待在卧室里看电视转播的橄榄球赛。"

约瑟夫·弗洛伊德是第二个接受询问的人。"我必须得回家了。"他抱歉地说，"要是凌晨3点钟我还没回去喂我5个月大的孩子吃奶，我妻子会打我的头的。"他也声称自己从未离开过屋子。"哦。对了，我曾去了二楼阳台一趟，外面太冷，我一会儿就回屋里了。"

布兰妮·胡克森是第三个接受询问的，她也声称从未离开过屋子，也没有看到什么异常现象。她说："我一直在跟不同的人说话，还品尝了桌子上丰盛的食物。"于是警察挥挥手让她离开了，布兰妮走到大厅入口，那里的衣架上挂满了衣物，她从众多衣物的最上面取下了自己的大衣。

"看来要用一整夜的时间来查找嫌疑人了。"艾薇儿抱怨地说。

而警察却摇摇头说："不用那么久，我已经知道嫌疑人是谁了！"

★牛刀小试★

那么你知道警察怀疑的是谁吗？为什么？

布兰妮。布兰妮小姐是最早来的一批客人中的一个，而她声称自己从没有离开过屋子，但是当她出去取大衣时，居然没有翻找就从衣架的最上面取。如果真是第一批客人而中间又没有离开过的话，她的大衣应该在衣架的最下面才对，而且布兰妮找衣服的时候根本没先在下面看，很显然，布兰妮知道衣服放在上面，可见她撒了谎。

12

假币属于谁

一个冬天的凌晨，布兰顿旅馆的夜班服务员威克斯正在核对收银台里的现金时，发现了一张面额为100美金的钞票居然是假币。正好巡夜班的警察伯纳德路过旅馆，威克斯便急忙叫住伯纳德，说明了情况。

"你是否记得是谁把这张100美金给你的？能有一点印象也好。"伯纳德警官问道。"我真没留意。"威克斯仔细地回想着什么，随即用不容置疑的口吻说，"不过我值班的时候，只有3位客人付过钱，而且他们都没有离开旅馆。"

伯纳德警官眼睛一亮，竖起双耳："真的吗？不要开玩笑啊。"

"绝对是真的，没有错，我今晚一共收了731美金的现金，其中12美金的零钱是卖晚报、明信片等物品收进的，其余的现金都来自3位客人。约翰逊先生给了我一张100美金和25美金的零票；鲁道夫先生给我两张100美金加20美金的零票；福布斯先生给我3张100美金以及74美金的零票。"

伯纳德警官的手指在桌面上轻轻敲着，若有所思。"你能肯定他们都付过你100美金面额的钞票？"他问。

克罗伯肯定地答道："没错的，先生，凡涉及钱，我的记忆力就特别好。"

"那好吧，这样的话我想我已找到了我要找的人。"伯纳德警官说。

★牛刀小试★

你能分辨出是谁使用了假币吗？理由是什么呢？

约翰逊。威克斯在收款时，约翰逊只给他一张100美金的钞票，没有其他钞票对比，所以威克斯没有识别出来假币。若是其他两位旅客付两张或三张100美金的话，真假混在一起，威克斯就很容易发现假币了。

狼狗怎么了

加州有名的古董商韦恩斯最近结交了一个新朋友，这个新朋友叫史密斯，是个古董鉴赏家，两人趣味相投，相见恨晚。

一天晚上史密斯来到韦恩斯的家，韦恩斯很得意地把新近得到的几件高价古玩给史密斯看，史密斯啧啧称赞。看完后，韦恩斯把它们放回了原来的小房间，锁上门，并让自己的大狼狗"史莱克"守住门口。

由于天色已经很晚了，韦恩斯便邀请史密斯在自己家留宿，史密斯没有客气，立刻答应了。

不想半夜的时候，史密斯居然偷了那几件古玩，韦恩斯发现后试图阻止，两人便厮打起来。谁知在一旁的"史莱克"不咬贼却向自己的主人扑去，韦恩斯的脚被狠狠地咬了一口。史密斯趁机带着古玩逃跑了。

韦恩斯立刻报了警。

不一会，伦纳德探长和两名警察来到现场，财产保险公司的人也来了，因为韦恩斯为自己的宝贝交了巨额的保险。如果确实是失盗，保险公司需按照规定赔付韦恩斯一笔钱。

根据现场来看，确如韦恩斯所说，他的高价古玩被抢。不过让人不解的是，他怎么会被自己的狼狗咬伤呢？这个问题连韦恩斯自己也莫名其妙，保险公司的人说："这是不合情理的，从来没有训练有素的狼狗会不咬小偷而咬自己主人的。此案令人难以置信，本公司不能对您进行赔偿。"

伦纳德探长注视着那件被狼狗撕破了的睡衣，又见那狼狗还围着睡衣团团转，便问："韦恩斯先生，你仔细看下，这件睡衣是您的吗？"

韦恩斯捡起那件睡衣，仔细看了一会，惊呼道："不对啊，这不是我的睡衣，我的睡衣的左袖口上有个被缝起来的破洞的，是我女儿那天给我缝上的。"

伦纳德舒了一口气说道："我明白了，这件案件毫无疑问是真实的，保险公司理应赔偿。"

后来，那位史密斯先生终于被捕了，原来他是个专门盗卖古董的惯犯。

★牛刀小试★

你知道伦纳德是怎么判定韦恩斯没有说谎的吗？

伦纳德推测，韦恩斯和史密斯搏斗的时候是在黑暗之中，狼狗凭衣服的气味来咬人，而这件睡衣是那位史密斯先生事先偷偷地给韦恩斯换过的，这一切都是史密斯预谋过的，所以才发生了"狗咬自己主人"的怪事。

被忽略的财富

第二次世界大战期间，在伦敦侦探俱乐部里，科特上校正向这里的成员谈一桩令他伤脑筋的案子：

"最近，一个来自南美的陌生人到了伦敦。有情报说此人可能是纳粹特务，携带10万英镑来英国资助间谍活动。为了阻止他的行动，在他下船几个小时后，我们故意搞了一次车祸，弄折了他的胳膊，趁机把他送进医院。我们仔细地检查了他的衣服和行李，结果，除了一个公文包里面放有几封旧信外，一无所获。"

"我们考虑到几种他有可能玩弄的手腕：一是他可以把英镑通过邮局寄给自己，但此时正值战时，邮递业务很不正规，因此这个办法行不通；二是他可以用手术的办法将宝石放在体内，但X光机排除了这种可能性。对他如何藏起价值10万英镑的东西，不知诸位有何高见？"

俱乐部成员交头接耳，议论纷纷。

这时俱乐部主席转过身来对上校说："上校，我认为你忽略了一种非常明显的可能性。"

★牛刀小试★

那么你能猜出上校忽略了什么吗？你是怎么猜出来的呢？

邮票的价值。携带的信封是旧的，这本身就是一个疑点，很有可能是一种伪装，而真正的价值在于邮票上，稀有的珍贵邮票价值可能会远远超过10万英镑。

被遗忘的口香糖

菲力克斯为躲债搬到了一个秘密住所，可还是被债主乔治发现了。这天夜里10点钟，菲力克斯正在客厅里看电视，乔治找上门来，他把嚼着的口香糖吐到门口，提出索还债款。菲力克斯一边央求他宽限一点时间，一边从冰箱里取出啤酒，倒进酒杯，请他喝，趁乔治不注意，抄起空酒瓶砸在他头上。乔治受到突如其来的一击，来不及叫喊，便倒地身亡了。

菲力克斯从车库里把汽车开出来，再把乔治的尸体装进行李箱，开到很远的S公园把尸体抛进池塘里。凌晨2点钟回到家，他又把房间打扫得干干净净，桌椅、啤酒杯、大门把手及门铃的按键都擦了又擦。这样，乔治来访的痕迹一点儿也没留下。

由于神经过分紧张，菲力克斯吃了安眠药才入睡，第二天醒来已是傍晚时分了。门铃响了起来，菲力克斯开门一看，有两个刑警站在那里。

"昨晚有个叫乔治的到你这儿来过吗？他的尸体今天早晨在S公园的池塘里被发现了，他上衣口袋里的火柴盒背面写着你家的地址。"

"不。昨天晚上没有任何人来我家。我和乔治先生也很长时间没见面了。"菲力克斯故作镇静地回答。然而，刑警们却轻蔑地笑着说："这可奇怪了。实际今天上午我们已经来过一次了，怎么按门铃也没人开门，以为你家里没人就回去了。赶巧，在大门前我们拾到了一个很有趣的东西，经鉴定正是被害人掉的。"刑警从衣袋里掏出一个小玻璃瓶，让菲力克斯看里边装的东西。菲力克斯见罪行已被揭露，只好从实招供。

★牛刀小试★

聪明的读者，你能想到小玻璃瓶里面装的是什么东西吗？为什么？

小玻璃瓶装的是乔治嚼后吐到大门外的口香糖。因为口香糖上面有他的唾液及齿型。而且，口香糖刚吐弃不久，表明时间过去不长。

西格尔的车号

伦敦的一家银行遭到了抢劫，歹徒抢了钱后立即乘一辆福特车逃跑了。一个银行职员记下了车牌的号码。一刻钟后，接到报警的布伦茨警长就带着助手赶到了现场。正当他们谈论案情时，突然发现了要找的那辆福特车。它刚从警车旁掠过。

警官克勒姆叫了起来："这不可能，车子的牌号、颜色、车号都对。"于是警长就带着助手一路猛追，终于超到那辆车前面，将车拦下。车的司机是一位年轻男子，自称名叫西格尔。布伦茨警长对西格尔进行了审问。虽然发现他跟这一起银行抢劫案有关，可是西格尔提供了自己不在现场的证据，只能又将他放了。

没过几天，又发生了一起银行抢劫案，这一次歹徒从那家银行抢走75 000新钞票，全是10马克的新纸币。案发不久，这个西格尔又开着车通过一个检查站径直往前开。警察拦下他说："你没有看见停车牌吗？罚10马克！""下次一定注意。"西格尔微笑着给了警察一张10马克的纸币。

两天后，警方逮捕了他，理由是与银行抢劫案有莫大关系。"不可能，"西格尔说，"我不在现场！"布伦茨警长佯笑道：

"但你是主谋。你找了两个朋友，弄了一辆完全相同的车。每次抢劫银行，你就将警方的注意力吸引到自己身上来，他们就趁机跑了。但是，这次你犯了个小小的错误，结果露出了马脚！"

★牛刀小试★

聪明的读者，你知道西格尔在何处露了馅吗？

西格尔用的10马克是全新的，而且恰好是银行被劫的。西格尔妄图用同一手法，欺骗警察两次，其实即使不是崭新的钞票，那么两次都出现在事发现场，还有与歹徒用同一款车，嫌疑也很大，被抓是迟早的事情。

小偷的破绽

一个星期五的深夜，奥克兰市一个刚入行的小偷正酝酿着自己职业生涯中的第一次入室行窃，小偷经过几天的侦查，选定了一个目标公寓，在这个公寓楼里没有人守卫，而且这个公寓的主人生活极其规律，每个星期五下午都去郊外度假，整个周末都不在。

于是小偷大摇大摆开了灯，坐到主人的办公桌前，打开抽屉，但没翻动里面的东西就关上了；接着他又打开了文件柜，拿出重要文件，看看没用就把文件放回去再把文件柜关好；之后他用刚刚跟师傅学会的办法打开了保险柜，取出了里面的钞票，然后关好保险柜的门。

一切进行得都很顺利，收获颇丰，小偷窃喜并在沙发上躺着休息了一会。

休息够了小偷准备收工，想起师傅嘱咐过他的话，在出门之前，要把所有用手摸过的地方都用手绢擦了一遍。于是他把自己刚摸过的桌子柜子都擦了一遍，临出门时，他又将墙上的电灯开关也擦了一遍，心里对自己非常满意，为自己如此细心而扬扬自得。最后，小偷用脚把门带上。

一切都做得天衣无缝。"除非有人打开保险柜发现钱不见了，否则肯定不会知道我来过吧，嘿嘿！"小偷得意地想。

可是，等公寓主人回来时，一进屋就发现了这个周末有人来过，立马查看贵重的东西，还查看了保险柜，发现自己的现金不见了就立马报了案。

★牛刀小试★

聪明的读者，你知道这个细心的小偷在哪里露出了破绽吗？

小偷忘记关灯了，所以主人一回来就发现了。

糖会带电吗

放学了，汤姆和海利这两个小邻居又一起朝家的方向前进了。这两个小伙伴随时都有稀奇的事情告诉对方。

汤姆问海利："你见过带电的糖吗？很稀奇的哟！"

"开玩笑，糖会带电吗？"海利惊奇地反问道。

"那好，今晚你去我家，我让你看一看我那神奇的魔法，嘿嘿。"汤姆很认真地说。

晚上，好奇的海利真的去了。汤姆让海利进到自己的房间之后，关掉灯，拉上窗帘，等他们的眼睛适应黑暗之后，汤姆取两块方糖，像擦火柴一样迅速摩擦两块方糖。令海利没有想到的是两块方糖碰撞的时候，他真的看到了微弱的光芒。

灯打开之后，海利看了之后，发现那两块糖不过是普普通通的糖而已。起初海利还以为那是特制的糖呢。但是，海利却不明白其中的奥秘所在。

★牛刀小试★

其实，这是一个关于压电现象的游戏。在自然界中，当一些固体介质被挤压、拉长时，晶体会产生极化，在相对的两面上产生异号束缚电荷。糖的晶体就有这种特性。在糖分子中都存有化学能，敲击两块方糖，压力的作用能将化学能转化为光能，因而就能够看到光亮。汤姆将发散性思维运用得很纯熟。

第二讲

哈佛教你——抽丝剥茧的破障眼大法

消失的弹头

在某五星级的大酒店内，黑社会头子霍夫曼被酒店的服务员发现死在自己的客房里。酒店经理立刻报了警。

警方赶到现场，对现场做了详细的调查，发现了一个十分奇怪的现象，霍夫曼的胸口处，有一处伤痕，看上去似乎是被子弹射中引起的，伤口深达8厘米。可是随后法医解剖时却发现，在这个伤口内，并没有子弹头。

这听起来似乎是不可能发生的事，因为死者的伤口明明是弹痕造成，子弹也没穿透胸部，怎么会不翼而飞呢？难道是死者死后又被人取出的吗？这样的话，死者的伤痕周围应该有痕迹才对。

后经警方进一步侦查，发现凶手可能是一名职业杀手，他杀了人之后，不想留下任何破案的线索，因而使用了一种特制的子弹。

★牛刀小试★

那么你猜一下凶手使用了什么样的特制子弹，才可以使子弹头消失呢？

凶手只需将液体冷冻成固体制作成子弹便可。当然要是职业杀手，可能会采用与死者同血型的血液冷冻。

被杀者的留言

一天，侦探奥斯特接到电话说富翁琼斯先生在自己的办公室被刺杀。奥斯特赶到现场，发现琼斯的身体倒在办公桌上，头部被子弹打穿了一个洞。奥斯特还看见琼斯先生的桌上有一台录音机，奥斯特好奇地按下放音键时，惊奇地听到琼斯的说话声：

"我是琼斯。史密斯刚才来电话说，他要杀死我，而且很快就会找到我。本录音将告诉警察当局，如果我死了，杀人的必定是史密斯。天哪，我现在已经听到他在走廊上的脚步声了，门开了……"

"我们要不要去抓史密斯？"奥斯特的助手问。

"不用！"奥斯特说，"我确信是另一个能惟妙惟肖模仿琼斯说话声音的人杀死了他，然后弄了这个录音来陷害史密斯！"

★牛刀小试★

聪明的你能说出奥斯特做如此判断的原因吗？

琼斯被杀之后磁带应一直没有被倒过带。然而奥斯特打开录音机的时候，录音是从头至尾放的，说明一定有人把磁带倒了一下。

3

帐篷里的尸体

一个初秋的早晨，约翰探长接到报案，说是在莱茵河上游的一个山冈草地上发现了一具男尸。

约翰探长赶到案发现场，发现死者是死在一棵大树下的一顶帐篷里，死因是：食物中毒。帐篷旁边有野炊的痕迹，地上还有几个烂掉的蘑菇。

约翰探长问先赶到的警察："死者是什么人？死因是蘑菇中毒引起的吗？"

警察说："死者叫鲁宾逊，45岁，是著名的徒步旅行家。真不幸，法医说他是中毒而亡，中毒原因应该是晚饭时吃了从森林里采来的蘑菇，没能分辨出是否有毒而引起的。"

"是吗？你确定是吃了毒蘑菇才死的？"探长半信半疑地问。

警察说："是的，基本可以断定，因为我们在帐篷周围找到了他野炊的痕迹，还有剩下的蘑菇。"

然而，约翰探长又环顾了一下现场，斩钉截铁地说："即使死因是食用毒蘑菇而引起中毒，也肯定不是意外死亡，而是他杀！是凶手让他吃了毒蘑菇并杀害了他之后，又将尸体转移到这里，伪装成在帐篷里吃了毒蘑菇导致死亡的假现场。这个凶手真是狡猾，连野炊的痕迹和遗留的蘑菇都弄得跟真的似的，但是他还是忽略了一件重要的事。"

★牛刀小试★

那么，你知道约翰探长说的凶手所忽略的重要事实是什么吗？

凶手忽略的是帐篷，长期旅行的人都知道，在夏天和秋天露营的时候，是不能把帐篷搭在大树下的，因为怕晚上有雷雨，帐篷搭在大树下面，很可能遭受雷击。

画家之死

　　一所公寓里发生了凶杀案，一位画家在卧室里被人用刀刺死了。卧室的墙壁上有一个鲜红清晰的手印，五个手指的指纹清晰可辨，连手掌的纹路都很清楚。看起来是凶手逃跑时，不小心把沾满血的右手按到墙壁上。

　　尤金赶到现场时，见到巴特警官正在小心地收集上面的指纹。尤金仔细观察了一下，笑着对巴特说："你还是看看有没有其他线索吧！"

　　巴特依然小心翼翼地埋头做自己的工作："这些指纹难道不是重要的线索吗？"

　　尤金耸了耸肩："这个血手印很可能是罪犯伪造的，目的就是要误导警察。"

　　巴特转过脸，好奇地问："你怎么知道的？"

　　尤金说道："你试着用右手在墙上印个手印就知道了。"

★牛刀小试★

你知道尤金是怎么看出手印有问题的吗？

尤金看到五个手指的指纹全部正面紧贴墙壁印上去的，手掌的纹路也很清晰，这才产生了怀疑。因为当手掌贴在墙上时，拇指和其他四个手指不同，是侧面贴着墙的，所以正常情况下，拇指的指纹是不会全在墙上印出来的。

5

火车站谜案

每天有数以万计的旅客通过伦敦火车站，去往英国各地。这天，韦恩也在熙熙攘攘的人群中，准备出发到曼彻斯特去度假。

"对不起，请让一让。"身后有人礼貌地说。韦恩连忙让到一旁，只见一个身穿黑色长裙的贵妇，推着轮椅走了过来，轮椅上坐着一位老人，他蜷缩在轮椅里，表情十分僵硬。

"有什么可以帮你的吗？"韦恩询问道。

"谢谢，我想不用了。"贵妇婉言谢绝，她叹了口气说道，"这是我的父亲，他偏瘫已经有一年多了，今天，我打算带他去曼

彻斯特治病。"

韦恩接着彬彬有礼地说："是去曼彻斯特吗？正巧我也去那里，一起去吧，要是有什么能帮上你的地方，我一定尽力效劳的。"

贵妇婉言拒绝了韦恩的好意。她推着轮椅，慢慢消失在人群中。看着她的背影，韦恩忽然觉得有点不对劲，可到底哪里有问题，却又也说不上。转眼开车的时间到了，远处火车已经呼啸着向站台驶来，韦恩拿起行李准备上车。

突然，尖利的刹车声响彻车站，刹车片在铁轨上磨起阵阵火花，司机正竭力使火车停下来。可是，伴随着旁边乘客的尖叫，火车还是没能刹住，以飞快的速度撞上了出现在铁轨上的轮椅，那位可怜的老人当场死亡。

韦恩赶过去的时候，刚才的那位黑衣贵妇已经哭得瘫坐在地上。她嘶哑地号哭，自责地拍打着自己的脸，然后开始对火车司机怒骂。几位乘客试图安慰她，但是她的情绪始终无法平静。警察迅速赶到，一位年轻警员开始向她了解情况。

黑衣贵妇哭诉道："刚才我好端端在等车，送我父亲到曼彻斯特治病。谁知道火车进站的时候，一股强大的气流向我吹过来，把我一下子向外吹，我一时站不稳，跌倒在地上。而我父亲的轮椅顿时失去控制，一下子冲下站台，卡在铁轨上，然后……都是这该死的站台设计，我要告这该死的火车站!"

"女士，很遗憾你说的是假话。"韦恩在一旁说，"不管你是因为遗产还是其他的原因这样做，你都是有预谋的，也不能逃脱法律的制裁。警察先生，你应该立刻拘捕她。"

★牛刀小试★

你知道韦恩是怎样知道黑衣贵妇在撒谎的吗？

一般高速行走的车会产生气流，旁边的东西会被吸近，而不会产生把人向外吹的气流，黑衣贵妇说她是被风向外吹倒的，显然不对；而且她送父亲去治病，竟然没带行李，这就更能说明黑衣贵妇的目的不是带父亲去治病，而是企图谋杀他，这一幕的发生是早有预谋的。

6 牵牛花照片

一个夏天的凌晨3点30分左右，发生了一桩谋杀案，警察行动很迅速，在当天晚上就找到了犯罪嫌疑人，这名犯罪嫌疑人是住在郊区的一个单身男人。于是警察开始了审问：

"今天凌晨3点30分你在哪儿？"

"那个时候啊，我早就起床了，因为我是个摄影家，我要给我栽的牵牛花拍一组从现蕾到开放的系列照片，在这段时间里我需要每5分钟拍一次。"

嫌疑人还指着院子一角栽种的一片牵牛花介绍说："这种牵牛

花是在清晨3点10分左右开始开花，约40分钟后开完，在这期间我一直在拍照。我的家离凶杀地点需要一个小时的车程，所以警察同志，我不可能有时间跑那么老远去杀人的。"

警察将照片与花对照起来看，的确是今天凌晨在院子里拍摄的。警察们为慎重起见，又送到奥本大学的植物研究所，给专家们看了这组照片，确定其真伪。

警察了解到，在这个地区，夏天的牵牛花开花早的是从凌晨2点开始，一般的牵牛花是从3点开始绽开花瓣，4点左右开花结束。

这样一来，那人当时不在作案现场的证明是成立的。从他家到作案现场，开车速度加到最大也少不了一个小时。因此，他不可能有作案时间。

但是，在案发现场却留有嫌疑人的指纹，很明显凶手是他，但是他到底是怎么既在同一个时间拍了照片又在一个小时车程之外的地方杀人呢？

警察重新回到罪犯家里观察那些牵牛花，突然发现花丛中有一个纸做的罩子，顿时明白了罪犯是如何伪造照片的。

★牛刀小试★

你知道罪犯是如何伪造了这些照片吗？

罪犯用纸做了一个罩子套在花蕾上，这样，就能够让夜晚的时间早点到来，就会扰乱牵牛花的开放时间，凌晨3点钟花就不会开了，他便会有充裕的时间先照下这些照片，然后再去作案了。

电话的证词

一天夜里，私人侦探班尼迪克给女友艾米丽打电话时，听到话筒里传来了对方门铃的响声。于是，艾米丽便说："好像有人来了，请你不要挂电话，稍等我一下。"此刻从话筒里听到艾米丽放下话筒跑出去开门的声音，还听到了她有些吃惊地叫了一声"哥哥"，之后便什么也听不见了。班尼迪克握着话筒紧紧地贴在耳朵上，耐心地等着，可左等右等艾米丽也不回来。突然，"喀哒"一声响，对方把电话挂断了。

班尼迪克看了看表，此时是9点15分，足足等了15分钟。他觉得有些蹊跷，为慎重起见，他又拨了一次电话，可那边虽不是占线却没有声音。

班尼迪克担心了，立即驾车奔向艾米丽的公寓。艾米丽的房间在五层的506室，房门没有上锁。班尼迪克进门一看，见艾米丽被刀子刺透左胸倒在厨房里已经死了。

电话在卧室，是个转盘式黑色电话机。话筒很正常地放在话机上。可以肯定这绝不是艾米丽自己放上去的，一定是罪犯杀害了她以后发现话筒扔在一边而挂上的。由此可见，罪犯在这个房间里一直待到9点15分。

班尼迪克马上赶到九楼艾米丽哥哥布莱克的房间。布莱克和艾米丽是同父异母的兄妹，正为亡父的遗产问题而争执不休。

班尼迪克开门见山地问道："9点15分你在哪儿？"

"我在自己的房间里。不信你去问问电话局。我是用这个电话预约电报的。"

与电话局一核实，果然像布莱克说的那样，9点10分后约10分钟里，他打了3封吊唁电报。电话局办理电报业务都有准确的计时，所以证明布莱克不可能使用五楼的那个电话。

然而，班尼迪克突然发现布莱克的电话机湿漉漉的，便马上识破了布莱克当时不在作案现场的假证。

★牛刀小试★

那么，你知道班尼迪克的依据是什么吗？

电话上湿漉漉的，而且电话是自动挂断的，因此，可以推测是用冰块支撑着接听电话，15分钟后，冰块融化完了，听筒落下，电话挂断。

排除假象取情报

　　英国间谍佛莱格奉总部之命，潜入某国新建成的导弹发射基地搜集情报，住在离基地不远的山区的一家小旅馆里。经过几次活动，基地的艾伯特上校决定向佛莱格出卖基地的秘密资料。一天上午，艾伯特和佛莱格约好，在当天晚上7点，佛莱格带50万美金到艾伯特那儿去，一手交钱，一手交货。

　　晚上7点，佛莱格开车来到了艾伯特上校的住处。佛莱格按了几下门铃，没有动静，心里有些急了，就用手敲门，门虚掩着，一敲就开了。屋里亮着灯，却没有人。佛莱格走到里屋一看，惊呆了，只见艾伯特趴在地毯上，正艰难地翻过身来。佛莱格把他扶到沙发上时，发现他的身下有一块毛巾，一股麻醉剂的气味扑鼻而来。

　　艾伯特慢慢地睁开了眼睛，对佛莱格说："一个小时以前，我在看电视的时候，有人按门铃，我以为是你，我说了声请进，门没锁，谁知进来了两个陌生人，我连忙关掉了电视机，他们问我要基地图纸，我说没有，他们就用毛巾捂住我的嘴和鼻子，不一会儿，我就失去了知觉。我把资料都放在沙发下面，你去看看还在不

在？”

佛莱格找了半天没找到，仔细观察了屋里的每个角落，又用手摸了摸电视机的后盖，发现有微热，摸完后问艾伯特："您刚才看的就是这电视机吗？"

"是的，我就这么一台电视机。"

佛莱格冷笑说："别再演戏了……"

★牛刀小试★

佛莱格是怎么识破艾伯特在演戏的？

艾伯特没有告诉陌生人图纸放在沙发下面，那么两个陌生人一定会四处寻找，把屋里翻得很乱，但是屋里却并没有被翻过的迹象。艾伯特还说那两个陌生人来的时候他就把电视机关掉了，可那发生在一个小时以前，电视机应该早已散热完毕，而佛莱格摸电视的时候电视机还有微热。因此佛莱格断定艾伯特说了谎。

9

恐吓信

一个秋天的深夜，布朗宁大街的一个公寓大厦突然失火，529房间里浓烟滚滚，住在这间套房里的瑞切尔小姐幸运地逃出了房间，而跟她同住的安娜小姐却没有这么幸运，被烧死在自己的房间里面。

警察赶到现场，发现安娜小姐并不是被烧死的，而是被一把尖刀刺中心脏死亡的。警察还在安娜小姐的房间里面找到了一个定时引火装置。看来一定是某人在起火前将安娜小姐杀死，然后启动自动引火装置，试图掩盖安娜小姐的真正死因。

警察询问瑞切尔小姐事发的经过，瑞切尔说："今天晚上我因为有个聚会所以很晚才回到公寓，我看到安娜已经睡下了，就没有打扰她，回到自己房间里休息了。谁知道刚刚睡下，我便感觉到胸口闷闷的不舒服，就醒来了，我发现四周弥漫着烟雾，想到哪里失火了，我就急忙大声喊叫安娜，还使劲敲了她的门，我看里面好半天没反应想着她可能出去了，我就急忙跑到了室外。"

警察又找到了平素与安娜不和的戴维问话。此时离案发时间已有2小时了。戴维说："也难怪你们怀疑我，我之前还收到过恐吓

信呢。"说着戴维拿出一封信来，上面写着："我知道是你刺杀了安娜小姐，如果不想被人知道，你就必须在明天下午5点前带上50万美金现金放到街心公园西侧门门口的垃圾桶里。否则，你知道后果会是什么！"

警察看到信，立即确定了凶手是谁，很快就将凶手逮捕。

★牛刀小试★

聪明的读者，你知道是谁杀死了安娜小姐吗？理由是什么呢？

戴维。警察问戴维话的时候，离案发时间仅仅2小时，他怎么会这么快收到信件呢。只有真正的凶手才会知道安娜小姐是被刺杀的，戴维亮出了这封信的同时，暴露了自己是真正凶手的信息。

10

拳击手的谎言

下午2点，纽约某公寓三楼传出"砰"的一声枪响。接着一个执枪的蒙面大汉冲下楼乘车逃跑了。班杰明侦探接到报告，赶到现场303号房间。

只见一个男人倒在地上，额头中了一发致命的子弹。显然被害者是在开门前，被隔着门的手枪击中的。经公寓管理员辨认，死者不是该房的房客尼尔，因为尼尔是个最次轻量级职业拳击手，身高只有1.5米，而死者身高足有1.8米。

由于不清楚死者的身份，只好取他的指纹进行化验。没想到死者竟是前几天从M银行里席卷5 000万巨款而逃的通缉犯布洛克。

班杰明侦探来到拳击场找尼尔。尼尔一听布洛克被杀，面色陡变。他说布洛克是他中学同学，昨夜突然来他家借宿，不想当了他的替死鬼。

亨特警长听说"替死鬼"三字，连声诘问："怎么，有人想杀害你？"

尼尔回道："正是！上周拳击比赛，有人威胁我，要我故意输给对手，然后给我50万美金。不然，就要我付出代价。我拒绝了。他们把布洛克当成了我……"

没等尼尔说完，班杰明侦探说："我知道凶手是谁了，还需要我说出来吗？"

★牛刀小试★

聪明的读者，你知道班杰明所说的凶手是谁吗？他是如何推断出的呢？

尼尔。因为是隔着门射杀的，看不到人，杀手是不会把射击点定在要射杀的目标者身高以上的。如果是为杀尼尔而来，尼尔只有

1.5米，杀手却把子弹打到了要高于1.8米的布洛克，而且还是伤在了头部。不难看出尼尔要么知道实情，要么就是他所为。

11

淹死人的水

　　罗曼德探长要去看望一个住在海边豪宅里的好友布莱尔·曼彻斯顿。路上，他给布莱尔打了个电话，告诉他大约半个小时后就能到布莱尔家。

　　半小时后，罗曼德准时到达，布莱尔的仆人约翰给他开了门，并引他到客厅里稍做休息。可是罗曼德在客厅里等了有5分钟，也不见布莱尔出现。

　　这时仆人约翰说："布莱尔老爷进去洗澡已经有半个多小时了，照理说应该洗完了，不会发生什么事吧……"罗曼德说："我们还是去看一下吧。"

　　两人在浴室外使劲地敲门大喊，里面一点声音都没有，于是罗曼德探长撞开浴室门，进去之后发现布莱尔已经死在了浴缸里。

　　从初步检查的结果来看，布莱尔是溺水死的，死亡时间大概在半小时前。

警察赶到后做了进一步分析，发现布莱尔的肺部有大量海水，并没有淡水残留物。而整个下午只有仆人约翰和布莱尔两个人在家，也没有其他人来过。

罗曼德的第一个反应就是抓住约翰，并且说他就是凶手。约翰却拼命地否认，说他没有作案时间，因为罗曼德探长打电话来的时候，布莱尔先生还在接电话，从那时到现在只有30多分钟，可是从这里到海边却要一个小时，就是坐飞机也来不及的。

★牛刀小试★

你知道罗曼德的理由是什么吗？

在海水中溺死是一条重要线索，警察会很容易想到案发地点是在海边，这就为约翰提供了不可能作案的时间证据。但是实际上，只要有足够多的海水，在浴缸里也能将被害人用海水淹死，然后把海水放掉，装满淡水，而这只要十分钟就够了。

12 真假劫案

　　布兰妮小姐是位富家千金，对侦探故事非常着迷，为此她结识了著名的侦探比尔。有一天，布兰妮小姐突发奇想，竟动起了难倒名侦探比尔的念头。

　　这天，凌晨一点，比尔接到布兰妮小姐的男管家鲁道夫的告急电话，"布兰妮小姐的珠宝被劫了"，请他立刻赶来。

　　比尔接到电话立刻出发，很快来到布兰妮小姐的家，他走进布兰妮小姐的卧室，掩上门，迅速察看了现场：两扇落地窗敞开着。凌乱的大床左边有一张茶几，上面放着一本书和两支燃剩3英寸（7.62厘米）的蜡烛，门的一侧流了一大堆烛液。一条门铃拉绳被扔在厚厚的咖啡色地毯上，梳妆台的一只抽屉敞开着……

　　布兰妮小姐介绍说："晚上我正躺在床上借着烛光看书，门突然被风吹开了。一股强劲的穿堂风扑面而来。于是我就拉门铃叫鲁道夫过来关门。不料，走进来一个戴面罩的持枪者问我珠宝放在哪里。当他将珠宝装进衣袋时，鲁道夫走了进来。他将鲁道夫用门铃的拉绳捆起来，还用这玩意儿捆住我的手脚。"她边说边拿起一条长筒丝袜，"他离开时，我请他把门关上，可他只是笑笑，故意敞着门走了。鲁道夫花了20分钟方才挣脱绳索来解救我。"

"布兰妮小姐，你是不是又犯了侦探的瘾了？请允许我向您精心安排的这一劫案和荒唐透顶的表演致意。"比尔笑着说。

布兰妮小姐沮丧地说："怎么这么容易就被你识破了？！真是郁闷，我已经很精心地安排了，为什么你还能看出破绽呢？"

★牛刀小试★

你知道比尔侦探是怎么看出这是一场假的抢劫案吗？

布兰妮小姐说劫犯是开着门走掉的，而门外正刮着能吹开门的大风，在这种情况下，屋内的蜡烛早就应该被吹灭了，或者蜡烛的火焰被吹向门内一侧，那么就肯定不会造成烛液全部流向门的一侧的景象，所以可以肯定布兰妮小姐撒了谎，抢劫案也是其伪造出来的。

骗子的谎言

一个炎热仲夏的夜晚，在加州郊区的一家汽车旅馆里，正在被警方通缉的骗子塞维尔和他的3个助手聚在一起，正在商讨怎么抢劫曼哈顿珠宝公司的事。曼哈顿公司在加州西区有一家高级的珠宝店，防范很严密：有一套最先进的电子报警系统，并雇用了一名私人侦探，通过闭路电视，日夜监视6个柜台，稍有一点风吹草动，就可以马上按动电钮，自动封闭公司所有的进出大门。

因此，塞维尔和同伙们制定了详细的作案方案，最后塞维尔警告同伙，在行动的整个过程中，不准脱掉手套，不准直呼同伙的姓名，动作必须迅速，1分钟也不能延误。

第二天早晨6点整，化妆成警官约瑟夫的塞维尔和3个化妆成警员的助手来到珠宝店，找到看守闭路电视的私人侦探胡克探长。严肃地向他通报道："根据情报，在今天上午11点整，有一伙歹徒要来抢劫贵店，我们准备在这儿留守，当场将其抓获。"

然后，他指指电话机说："我想给警局打个电话，问问有什么新消息，先生，您能给我接通电话吗？"探长点点头，警方电话交换台很快接通了。"请接……"胡克探长话还没说完，塞维尔就从探长手里抢过话筒说道："是的，我是约瑟夫，嗯嗯……我们就在这儿，如果有什么消息，请立即通知我们，我在珠宝店的监视中心……嗯，明白了。"

待他挂上电话，探长问："约瑟夫先生，他们有多少人？"

"我也不太清楚。"塞维尔答道，"我们只知道歹徒大概的作案时间。不过，不必担心。"塞维尔显得得意扬扬，继续说道："半个小时前，警察就包围了珠宝店，只等3名歹徒一踏进大门，大门外面的马路就会被封锁，他们一离开公司，我们就可以采取行动抓捕他们。"

胡克探长若有所思地看了塞维尔一眼，装作若无其事地走到隔壁房间打了一个电话。不一会儿，警察驱车赶到，立即逮捕了塞维尔和他的3名助手。

★牛刀小试★

聪明的读者，你知道胡克探长怎么知道塞维尔不是真正的警察的吗？

塞维尔在炎热的仲夏夜，仍然一直戴着手套是很不符合常理的；塞维尔给警局打电话的时候，他没有要任何人听电话，却还一直在装模作样、自言自语地说着；塞维尔开始说自己不知道有多少个歹徒，但后面却又说有3名歹徒。综合这些理由，完全可以推断出他不是真正的警察。

悬赏启事

克拉姆律师的一块祖传怀表丢失了。他吩咐园丁约瑟夫在当地报纸广告栏里登了一则寻找怀表的启事。这会儿，克拉姆正拿着报纸仔细看着启事。

启事登在报纸的中缝，标题是"找到怀表者有赏"。全文如下："本人丢失怀表一块，铜质，较旧，怀表属祖传遗物，悬赏250美元，有消息望告知，登广告者TND236信箱。"

约瑟夫正在花园里干活，这时，门铃响了，打开门一看，外面站着一位绅士。他恭敬地说道："我叫刘易斯。我是为那则怀表启事来的。怀表是您的吗？"

约瑟夫说："先生，怀表是我主人的，他正在屋内，我给您通报一声。"

克拉姆在屋内已经听到了外面的谈话，他想不到这则启事还真管用，激动地从屋内跑出来，抓住刘易斯的手说："真是太好了，先生，快给我看下您拿来的怀表是不是我的吧。"

刘易斯从兜里拿出怀表给克拉姆看，克拉姆看了后激动地说："是的，就是这块表。真是太感谢你了。你是在哪儿捡到的呢？"

刘易斯说："这表不是捡到的。我在车站看见一个小孩兜售这块表，就用5美元买了下来。今天，我从报纸上看了广告，马上就赶来了……"

克拉姆听着听着，微笑从他脸上消失了，还没等刘易斯说完，便命令约瑟夫将他抓住并报了警。

★牛刀小试★

聪明的读者，你知道克拉姆为什么将刘易斯抓住吗？

园丁约瑟夫登悬赏启事的时候只留了邮箱的号码，没有留地址，所以刘易斯是不能在启事里知道地址的，而刘易斯居然直接找上门来，这只有一种可能，就是刘易斯从克拉姆家里偷走了怀表。

阿芙拉小姐的聚会

海尔丁博士应阿芙拉小姐之邀参加了她的家庭聚会，说是来参加聚会，其实他是来保护她的。据说，一个星期前，阿芙拉小姐几次接到要杀她的恐吓电话。

阿芙拉小姐家所有的门都上了锁。客人中最可疑的人是杰克森。他以前是马戏团里爬竿的，今晚他不停地大口大口地喝酒，眼睛盯着阿芙拉小姐不放。

午夜时，聚会散了，客人们各自到已经安排好的房间中休息。突然，海尔丁听到阿芙拉小姐的尖叫声，紧接着是两声枪响。海尔丁赶忙奔进楼上阿芙拉小姐的卧室。

"珠宝，我的珠宝首饰丢了，那贼想杀死我。"

"你看清是谁了吗？"

"没有，我没看见任何人，这一切来得太突然了。我晕了过去，当我醒来时，我的珠宝不见了。"

"你的门上了锁没有？"

"是的。你来的时候，是我开的门。门是锁着的，那人想必是从窗口爬进来的。"

"不可能，"海尔丁拉开窗帘，"从这里到地面有15英尺（约4.57米）高呢，又那么陡那么滑。"但海尔丁还是来到楼下。有人在拿着电筒乱晃，是看门人。

"找到梯子印没有？"海尔丁问。

"没有。只有一些脚印，还有一个坑，直径和我的手腕差不多，有几米深，正对着上面的窗子。"

"我想你已经找到证据了。"海尔丁说。

★牛刀小试★

聪明的读者，你知道海尔丁博士心里在怀疑谁吗？为什么？

阿芙拉小姐。阿芙拉小姐声称自己谁也没看见，又怎么会在枪响之前突然尖叫呢？这应该是她为了摆脱杰克森的纠缠而设计的，她想让海尔丁怀疑是杰克森顺着竹竿爬进了她的窗户。

挂白布求救

最近，邓肯探长一直在调查市政府官员詹姆森被害的案子。这天傍晚，他驾车来到海边的港口，踏上一艘帆船，找到了涉嫌者艾斯维尔。

艾斯维尔听邓肯探长说他的朋友詹姆森被人杀害后，惊得嘴里的雪茄差点掉下来。探长向艾斯维尔询问出事的时候——也就是那天14点至16点他在什么地方。

艾斯维尔歪着头想了想，说："哦，那天天气很好，中午12点我驾船出海办事，不料船开出两个小时后，发动机就坏了，那天海面上一丝风也没有，船上又没有桨，我的船被围在大海上，无法靠岸。情急之下，我在船上找到了一块大白布，在上面写上'救命'两个黑色大字，然后把桅杆上的旗子降下来，再把这块白布升上去。"

"哦？"邓肯探长很有兴趣地问："有人看见它了吗？"

艾斯维尔笑着回答："说来我也挺幸运的。大概半小时后，就有人驾着汽艇过来了。那人说他是在3英里（约4828米）外的海面上看见我的呼救信号的，后来，他就用汽艇把我的船拖回了港口，那时已近黄昏了。"

艾斯维尔说完，轻轻地呼了口气。谁知邓肯探长却对他说：

"艾斯维尔,你不用说了,我知道罪犯是谁了。"

★牛刀小试★

你知道谁是凶手了吗?为什么?

艾斯维尔。艾斯维尔先说海面上一丝风都没有,白布跟旗子一样,没有风的话是绝对不可能飘起来的,还有艾斯维尔说那人在3英里外看到他的求救信号,而这信号就是白旗上面"求救"两字,距离那么远,人们很难看清楚上面的字,显然艾斯维尔撒了谎,被细心的邓肯侦探抓住了破绽。

模特之死

时装模特儿珍妮佛·安妮斯顿,从前几天起每晚去画家阿诺德·伍德的画室当裸体模特儿。就在这期间,她被人枪杀了。

她的尸体躺在画室的沙发上。那是一具线条优美的裸尸,左胸中了一枪,胸部周围全是殷红的血迹。

阿诺德·伍德表情沉痛地向来现场勘查的罗曼德探长述说着案

发时的情形。

"今天晚上大约 7 点我们开始工作，我的画进入了最后阶段。9 点钟左右，我妻子来送咖啡，她见屋里被我吸烟斗弄得乌烟瘴气，便打开换气扇换气。之后就听到枪响，接着正做着姿势的珍妮佛惨叫了一声跌倒。我惊慌地跑上前去一看，见她胸部中弹，已经奄奄一息了。"

"子弹是从哪个方向射来的？"

"是从那个窗户外面。"阿诺德走到临院子的窗边，让罗曼德看留在窗帘上的弹孔。窗户上面的墙壁上装有一个换气扇。

"因天气闷热，一直开着窗户，只把窗帘拉上，因为模特儿裸着身体怕让外面人看到不好。"

"每晚被害人都是在同一个位置，做同一姿势吗？"

"是的。"

罗曼德探长拉开窗帘来到外面查看。那儿是个有栏杆的阳台，连着绿草茵茵开阔的院落。

探长发现在离阳台不远处丢着一支手枪，闻了闻枪口，还有少许硝烟味儿。大概是凶手逃离时扔掉的吧。因院子里全是草坪，所以没有留下凶手的踪迹。

"枪响的时候，您夫人在哪儿？"探长问阿诺德·伍德。

"就站在我身后，正在看就要完工的画作。当珍妮佛被击倒时，我妻子迅速跑去关掉电灯，大概是怕亮着灯连我们也会遭枪击吧。我和妻子蹲在地板上，好半天不敢动。过了一会估计凶手逃走不会再开第二枪了，妻子才起身去看珍妮佛，并吩咐我赶快报警。

于是我跑出画室，用卧室的电话报了警。"

"您夫人真是个沉着能干的人啊。"

"可她毕竟是个女人呵，警车一到，她大概就安心了，一下子精疲力竭地瘫倒了，现在服了镇静药正在卧室里休息。"

"你家里还有其他人吗？"

"没有，就我和我妻子两个人。"

"那么，您和模特儿是否有暧昧关系呢？"探长直截了当地问，阿诺德·伍德一下子面红耳赤，将目光移开。

"果真如此……这下您该知道是谁杀了模特了吧。"

★牛刀小试★

你知道探长话语里说的凶手是谁吗？

阿诺德夫人。被害人每天晚上都在同一位置保持同一个姿势，所以固定好枪，让枪在拉动换气扇时能够命中目标并不难。事后将枪扔掉，所需的只是时间，而当其丈夫去打电话报警时，阿诺德夫人完全有时间趁机从栏杆上取下手枪扔到院子里。阿诺德夫人的杀人动机是被害人与她的丈夫有暧昧关系。

第三讲

哈佛教你——追因索果的解谜高招

未打湿的雨伞

　　一件价值连城的玉雕正在博物馆展出，恰好这几天天气晴朗，有很多游客都前去参观。快闭馆时，一个窃贼也混了进去。他背着照相机，拿着一把雨伞，趁人不注意的时候躲在了大厅的楼梯间里。很快，博物馆便要清场了。

　　窃贼见大厅里没有动静了，便蹑手蹑脚地钻了出来，从雨伞的伞柄中取出开锁的工具，接着又从照相机套子中取出赝品。此时，外面恰巧下起了大雨，风雨声遮盖了一切声音，小偷便趁机弄开展柜，换下玉雕，然后将一切恢复原状，又躲进了楼梯间。

　　第二天一早雨还在下，博物馆里的人比昨天少了一些，窃贼从楼梯间溜了出来，他看到游客们正在欣赏那赝品，不由得暗暗好笑，可是他撑开雨伞准备走出博物馆大门时，却被博物馆当值的警察挡住了，警察问他昨天晚上躲在博物馆里干什么。

　　窃贼做贼心虚，解释不清，警察立刻说："跟我去趟警局吧！"

★牛刀小试★

聪明的读者，你知道警察是从哪里看出窃贼破绽的？

其他人进来的雨伞是湿的，而小偷的雨伞是干的，证明他待在这里一夜没出去。

富翁的面具

有一位很富有的银行家，一起车祸后严重毁容，他的太太和儿子也都死于那场车祸中。现在他身边的亲人只有他的弟弟和贪图钱财的情人了。他那可怕的容貌令人害怕，所以他不得不戴上假面具，但回到家里的时候，他从来不戴面具。而且，只要没外人在，他会立即把令人生厌的假面具拿下来。

有一天，这位银行家被人发现死在自己的高级轿车里，是被人从背后拿匕首刺中心脏而死的，死时脸上戴着面具，手依旧握着方向盘。看来是凶手坐在轿车后排座上刺杀了银行家。

经警方调查，犯罪嫌疑人确定有三个，此外别无他人。其一为他的情人，因为这个女人早想摆脱他那可怕的容貌，只是迫于他的势力和贪图他的钱财才留在他身边；其二为他的弟弟，他的弟弟因赌博欠了很多外债，于是急于继承他的遗产来还赌债；其三为他的助理，因为最近这名助理被他发现挪用了巨额公款，银行家正打算向法院起诉，助理对他恨之入骨，为了不被起诉，助理只有杀了银行家。

★牛刀小试★

情人、兄弟还是助手——到底是谁杀了银行家，你能够给出答案吗？

他的助理。银行家回到家里即见到弟弟和情人的时候是不带面具的，只有对外人才戴面具，而他死的时候是戴着面具的，因此可以断定银行家死前见到的不是弟弟和情人，而是助手。

寻找赃物

博物馆失窃了一批价值连城的艺术珍品。探长率领一个小分队，以最快的速度，抓住了几名重要的罪犯，可是却没有找到那些艺术品。

这时，主犯招认说艺术品被农场主亚瑟用一个大铁箱装起来，然后埋在石磨的下面。警察冲进亚瑟的农场，亚瑟的眼睛闪出一丝惊慌，朝院子里那两个与篮球场一般大的晒谷场瞟了一眼，很快他镇定了下来，说自己并没有触犯政府法令，对于今天发生的一切，他要请农场主协会的律师提出控告。

警察们把磨坊里的石磨移开，在下面挖了一个又阔又深的坑，坑底已见到了生土，再挖下去也没有什么意义了。

探长跳进坑底，他看到坑壁一层层泥土，中间有一段跟别的不同，用手捧了一把，里面还有完全新鲜的小麦梗，好家伙，一定是嗅到了什么风声，把铁箱转移了。

可是铁箱会转移到什么地方去呢？树底下？麦田里？床底下？没有目标怎么找？本以为轻而易举的事，现在变成了难题。

探长脑子飞快地转动着，他一点一点地回忆进村后亚瑟的一举一动，突然一拍大腿，招呼警察们说："这里不用再挖，跟我到院子里去。"

来到院子里，探长叫警察们去打水，把晒场分成若干块，一块一块地浇上水，水浇到泥土地上，很快水往地里渗。大约是好久没有下雨的缘故吧，浇上一块，干一块，场地上只不过因为吸了水分，颜色变得深一些罢了。

亚瑟一声不吭地瞧着警察们做这种看起来毫无意义的事。终于，当水浇到刚才亚瑟站过的那块场地上时，探长突然宣布："停！"他指着一块颜色更深的泥地，叫警察往下挖，自己却回头朝亚瑟瞧去。他看到，亚瑟脸色惨白，惊恐万分。

不久，一只铁箱挖出来了，里面正是那批珍贵的艺术品。

★牛刀小试★

探长如何推测出铁箱埋的地点呢？

探长发现亚瑟转移了赃物时，立即想起亚瑟曾惊慌地朝晒场投去一瞥，可是这么大的晒场，整个都挖掘，实在太难了。用水浇的话，干的泥土地，渗水一定很快。但是，如果下面有只大铁箱，渗水的速度就比其他地方慢，它上边的泥土积了水，颜色肯定与其他地方不同，这就是探长很快找到赃物正确地点的方法。

月夜杀人案

1903年，一个月光如水的夜晚，亚力士警长和一个年轻警官走近一座桥时，突然听到一个女人恐怖的喊叫声："救命……救命！"亚力士警长李连忙朝桥上冲去，只见一个缠着黑头巾的男人比他们抢先一步迅速跨过栏杆，跳进河里逃走了。桥面上横着一个漂亮的姑娘，胸口上刺着一把匕首，已奄奄一息了。年轻警官忙叫唤：

"喂，醒一醒，这是谁干的？"

"约克大街……教会学院……艾……"姑娘说到这里就咽气了。

5分钟后，他们赶到约克大街的教会学院，发现这个学院里有两个带"艾"字的男人，一个是教导处的艾里克，另一个是保安处的艾尔文。

艾里克是个剃着和尚头的矮胖子，警察赶到他的住处时，他穿着皱巴巴的睡衣，一边喝着威士忌，一边开玩笑说："让我给你们上课教育一下，该如何尊师重道吗？嘿嘿……"

亚力士摇摇头，带着年轻警官来到艾尔文的家里，此时时间又过去了5分钟。只见艾尔文裹着被子正在睡觉，他的头发是少见的红色，发型末梢有点斜，屋子地上的水盆里泡着一堆衣服。年轻警官一看，眼睛瞪圆了，大声喝道："喂，艾尔文，是你杀了姑娘跳河逃走的吧！"

艾尔文瞪着吃惊的眼睛，连连摇头。

"你赖不掉，这盆衣服就是你犯罪的证据！"

艾尔文急忙辩护说："别开玩笑，这衣服是我明天准备洗的。"

年轻警官用眼光盯着他说："别装傻，这衣服是你跳进河里弄湿的！"

这时，在一旁的亚力士警长止住了年轻警官，说："真正的凶手不是他，是艾里克！"

★牛刀小试★

聪明的读者，你知道警长如何断定的呢？

凶手是跳河逃走的，从头到脚都应该是湿的。警长见到艾尔文的时候，时间才刚刚过去了10分钟，这么短的时间，艾尔文的头发是不可能干掉的。而艾里克是光头，用布一擦就干了，所以他才是凶手。

5

猫的证词

一个冬天的夜晚，干燥的天气已经持续很多天了，可是，这天夜里一点钟开始却下了一场小雪。小雪夹着雨，下了一个小时左右。正巧这段时间里，在奥克兰市近郊发生了一场恶性交通逃逸事件。

一个醉汉驾着汽车撞了行人后驾车以最高时速逃离现场而去。这个司机半小时后返回到市内家里，将车停进了院子里的车库内。车库只有一层尼龙板顶棚，地面是水泥。他用水管冲洗了湿漉漉的轮胎，也消去了车子出入的痕迹。幸亏车身没留下明显的伤痕，连车灯也没损坏。他把被雨淋的车身用干毛巾擦过，又把一个轮胎的气放掉了。

可是，在其逃离现场时目击者记下了他的车牌号码，马上找到了车主。

晚上11点，警察胡克找到了肇事者的家，检查存放在车库里的汽车，并询问案发期间不在现场的证明。

"正如你所见，我的车子昨天轮胎就漏气了，今天一次也没开出去。所以，肇事者一定不是我，目击者一定是记错了车牌号。"罪犯急忙辩解。

车前箱盖上不知什么时候留下几处猫爪印儿，是猫带泥的爪印和卧睡的痕迹。

"你家里养猫了吗？"

"没有，这是邻居家的猫，或是野猫吧，经常钻进我家院子里来，在车上跳上跳下地淘气。"

"的确……如果那样，你所说的这车子昨天就漏气的说法是不能信服呀。你可以若无其事地说谎，可猫和汽车都是老实的。"

★牛刀小试★

你知道警察胡克抓住了什么证据吗？说说理由。

看到前箱盖上印着猫走过的泥爪印，警察便揭穿了那个家伙的谎言。

寒冷的冬季，猫之所以喜欢爬到前箱盖上去，是因为那里暖和。罪犯抛下被撞的行人不管，逃回家中，将车存放在车库内。但是，那之后即使马达停转，前箱内的热也不会马上冷却，对于猫来

说是很好的取暖设备。在逃离现场之前，如果猫上过前箱盖的话，因为前些天持续干燥天气，是不会留下猫的泥爪印的；在逃离现场事件前后，下了雨，车库旁的院子地面是湿的，所以，猫是带着泥爪子爬上了车厢。

地铁站的嫌疑犯

一个冬天的深夜，查克探长和约翰警官正走在从警局回家的路上，边走边聊着当天的一桩案情。突然发现前面有个歹徒正在拦路抢劫，二人便冲上前去想将歹徒抓住。

歹徒一看见他们，吓得掉头就跑，查克和约翰急忙追赶，歹徒跑了好长一段路，一直跑进了地铁站，查克和约翰也紧跟着追了进去。

因为天已经很晚了，地铁站的人很少，查克和约翰发现地铁站上只有六个人，而且体形和歹徒都很像。

其中一个人正在和管理人员争吵，吵得很凶，第二个人在一旁津津有味地看热闹，第三个人正在看一张报纸，报纸把脸遮住了，看不清面目，第四个人正在原地跑步取暖，第五个人一边等地铁，一边不停地看手表，显得很着急，第六个人裹着大衣坐在座位上，冷得直发抖。

查克观察了一下四周，发现并无藏起一个人的可疑地方，因此断定歹徒就在这六个人当中。但是到底是谁呢？查克更仔细地观察着并思考着，忽然指着其中一个人对约翰警官说："他就是嫌疑犯！"

★牛刀小试★

你知道查克指的是哪个人吗？为什么？

查克指的是第四个人。因为嫌疑犯跑了很长一段路，一定气喘吁吁，而这六个人中，只有第四个人在大口大口地喘气，他之所以不断跑步取暖，是因为想掩饰自己已经气喘吁吁并满头大汗的事实，所以这个人就是嫌疑犯。

匿名电话

一天哈莱金侦探来到警长莫纳汉的办公室闲聊，突然有人敲门送来一份验尸报告，哈莱金接过来看了一会儿，对警长莫纳汉说：

"根据验尸的报告，特里德太太是两天前在她的厨房中被人用水果刀刺死的。这位孤独的老太太多年来一直住在山顶上破落的庄园里，与外界几乎隔绝。警长先生你想这是什么性质的谋杀呢？"

"哦，真该死！特里德太太，我怎么给忘了，昨天凌晨4点钟就接到一个匿名电话，报告她被人谋杀了。当时我还以为这又是一个恶作剧，因此天亮了我就给忘了，直至今天还没有着手调查。"警长莫纳汉尴尬地说道，"伙计，陪我去现场看看怎么样？"哈莱金白了一眼莫纳汉道："好吧，伙计，不过你周末的时候不能忘了请我喝两杯。"于是二人驱车前往案发地点。

警长将哈莱金引到特里德太太庄园的前廊，说道："由于城里商店不设电话预约送货，而必须写信订货，所以这老太太连电话都很少打。除了一个送奶工和邮差是这里的常客之外，唯一的来客就是每周一次送食品杂货的男孩子。"

哈莱金紧盯着放在前廊里的两摞报纸和一只空奶瓶，然后坐在一只摇椅上问："谁最后见到的特里德太太？"

"也许是卡森太太，"警长说，"据她讲前天早晨她开车经过时还看见老太太在前廊取牛奶呢。"

"据说特里德太太很有钱，在庄园里她至少藏有5万美元。我想这一定是谋财害命。凶手手段毒辣，但我们现在还找不到线索。"

"错，警长先生，应该说除了那个匿名电话之外，我们还没有别的线索。"哈莱金更正道，"凶手实在没料到你会拖延这么久才开始侦查现场！他真的是很不走运！"

★**牛刀小试**★

你知道哈莱金怀疑谁是凶手吗？推测的理由是什么呢？

送奶工是凶手。送奶工没有再去取走空的奶瓶，也没有送新的牛奶；而邮差不知道特里德太太已死，因此继续送报纸，因此现场才会有两份报纸，却只有一个空奶瓶。打匿名电话的也是送奶工，他以为警察接到报警电话后很快就会开始侦破，因此他就不必去送奶了。哈莱金正是从匿名电话以及现场的报纸和奶瓶，判断出谁是真正的凶手的。

郁金香与珍珠

中午刚过，私人侦探罗曼德应推理小说作家约瑟夫的邀请，来到约克镇郊外的一所住宅。然而罗曼德看到约瑟夫正在送走一辆警车。罗曼德思忖道："难道是出了什么事情？"约瑟夫看到罗曼德便迎上来，将他请进客厅后介绍了事情的经过。

"昨天早晨，我和妻子一道出门去参加一个亲戚的葬礼。今天早上，我自己先回家来看看，一进门就发现屋里乱七八糟的。肯定是家里没人时溜进贼了，从那个窗户进来的。"约瑟夫指着面向院子的窗户。只见那扇窗户的玻璃被割开一个圆圆的洞。"罪犯一定是把手伸进来拨开插销进来的。"

"那么，什么东西被盗了？"

"没什么贵重物品，是照相机及妻子的首饰之类。除珍珠项链外都是些仿造品。哈哈哈。"

"现场勘查中，警察们发现了什么有力的证据没有？"

"没有，空手而归。罪犯连一个指纹也没留下，一定是个溜门老手干的。要说证据，只有珍珠项链上的珍珠有五六颗丢在院子里了。"

"是被盗的那个珍珠项链上的珍珠吗？"

"是的。那条项链的线是本来就断掉的。可能是罪犯盗走时装进衣服口袋里，而口袋有洞漏出来的吧。"

约瑟夫领着罗曼德来到正值夕阳照晒的院子里。院子的花坛里正开着红、白、黄各种颜色的郁金香。

"喂！先生，这花中间也落了一颗珍珠。"罗曼德发现一株黄色花的花瓣中间有一颗白色珍珠。

"是吗，我看看。"约瑟夫也凑过来看那个花朵，"还真是我太太项链上的珍珠呢。"

"看来这是勘查人员的遗漏啊。你知道这花是什么时候开的吗？"

"应该是前天。黄色郁金香总是最先开花，我记得很清楚。"约瑟夫答着，并小心翼翼地从花瓣中间轻轻地把珍珠取出。

这天罗曼德在约瑟夫家留宿，晚上8点左右，两个人刚用完晚餐，警察就来了电话，说是已经抓到了两名嫌疑犯，目前正在审讯。两个嫌疑犯中一个是叫约翰的青年。昨天中午过后，附近的孩子们看见他从约瑟夫家的院子里偷偷跑出来。另一个是叫弗兰克的男子。他昨天夜里10点钟左右偷偷地去窥视现场，被偶尔路过的巡逻警察发现。

"这两个人中肯定有一个是罪犯。但作案时间是白天还是夜里，还没有拿到可靠的证据。两个人都有目击时间以外不在作案现场的证明。所以，肯定是他们中的一个那时溜进去作案的。"警察在电话里说。

罗曼德听了这番话以后，便果断地说："我知道罪犯是谁了！"

★牛刀小试★

请问，你认为罗曼德所认定的罪犯是哪一个？你的依据是什么？

约翰。因为，开花不久的郁金香，一到晚上天黑后花瓣就会合上。所以，被盗的珍珠能掉在花瓣里，这就说明作案时间是白天。

9

饥饿的旅行家

戴维和妻子简妮有一座不大的农场，他们没有孩子，生活过得逍遥惬意。戴维夫妻俩除了去城里采购食物或者签订农作物买卖合同外，基本上很少外出，他们喜欢在优美的田园风光中看日出日落。

有一天，妻子简妮从城里采购完生活用品回到家里时，发现戴维居然死在了火炉旁边，胸口上插了一把匕首。

简妮伤心得几乎晕了过去，精神恍惚的她想到了报警。探长强尼接到报警后立刻赶到农场，他发现一个烤盆上有些无焰的炭块，上面烤着嫩嫩的牛肉。托盘、刀叉、作料散放在一旁。强尼检查完尸体后，确认戴维大约在一个小时前被人杀害。强尼又看了农场房子周围，发现没有车的痕迹。

又想到农场地处偏僻，周围居民很少，强尼想凶手必定是步行上路，一定跑不远，便立刻命令警察展开了追捕。结果在离农场10英里的地方找到一个人。警察将此人带到凶案现场。

强尼看到此人便展开询问，那人说自己是个旅行家，喜欢到处游历，在这个人烟稀少的地方走了半天了，肚子早已饥肠辘辘，正想找地方吃饭呢。此人见到火炉上的烤肉，伸手就拿，张嘴就吃。

强尼说："先生，慢慢吃，我只问你一个问题，你来过这里吗？"强尼边问边仔细打量这个风尘仆仆的人。

"我没有来过这里。我在这里迷路了，不知道自己在什么地方了。哎，警官先生，请等我吃完这块烤肉再跟你详细说行吗？"说着他停顿了一下，从炭火中又取出一块烤肉，放进了嘴里。

他的这些小动作被强尼看了个一清二楚。强尼眼前一亮，然后拿出手铐来直接铐住了这个饥饿的人，说："先生，你的演技太差了，还是老实交代你犯罪的经过吧！"

★牛刀小试★

请问，你知道强尼如何看出这个"旅行家"是凶手的吗？

这个人说没有来过这里，却能够知道炭块已经凉到把手伸进去不会烫的程度，直接从炭火中拿起肉来吃，显然他撒谎了，强尼便据此判断这个人一定是凶手。

狗儿的冤屈

一个夏日周末的午后，狄克正在家里看着书喝着咖啡，宠物狗喀秋莎蹲在椅子旁边正打着盹。这平静突然被一阵急促的门铃声打破，他赶紧起身去开门，进来的是隔壁的邻居韦伯太太。韦伯太太可是个远近闻名的刁妇，只见她气势汹汹地向狄克嚷道："尊敬的狄克先生，亏你平日里表现得像个绅士似的，全都是假装的，太可恶了，自己的狗怎么不管好！你看，你看，它把我的腿给咬了！你今天必须对我进行赔偿！否则咱们没完！"

狄克莫名其妙，因为他的狗向来都很温顺，从不咬人，而且今天一直都跟他待在一起的。于是，狄克问韦伯太太道："什么时候咬的？咬在哪里？"

韦伯太太说："就在刚才我经过你家门口的时候，它一下子扑过来咬中了我的膝盖。"说着韦伯太太把她干净的裤腿给拉了起来，狄克这才看到韦伯太太的膝盖处有一处被咬的伤口。

当狄克看过韦伯太太的伤口后，十分生气地说："韦伯太太，你真是荒谬，居然撒这样的谎，伤口肯定不是我的狗咬的。"

韦伯太太还在强辩："怎么不是，就是你的狗，我看得清清楚楚，你不要抵赖了，快点赔钱！"

狄克立马提供了证据，使得韦伯太太哑口无言，再不敢耍赖了。

★牛刀小试★

你知道狄克提供了什么证据吗？

韦伯太太的裤腿是干净完好的。如果真是狄克的狗咬伤了韦伯太太，她的裤子怎么可能是干净完好的呢？

正当防卫还是蓄意谋杀

凯文探长接到报案，说有人为了自卫将一名男子枪杀。他马上赶到案发现场——死者的办公室。他一走进办公室，报案的男子罗宾先生就迎上前来说："除了桌子上的电话我什么都没有碰过，发生这不幸的事之后就立刻报了警。"

死者的尸体倒在办公桌后面的地毯上，右手旁边有一支法国造的左轮手枪。

"麻烦你讲一下事情的经过吧。"凯文向罗宾先生说道。

"死者叫梵尼，是我的一个客户。今天他叫我到这儿来一下，谁知道我来到之后他立即就破口大骂，说我和他的妻子有暧昧关系。我看他是误会了，但是他在气头上已经变得无法自控了。他骂着骂着突然歇斯底里地大叫，'我要杀了你！'说着他拉开办公桌的抽屉，拿出一支手枪对着我就开枪，幸好没有击中。在这种情况下，我迫不得已只好自卫。"罗宾说，"先生，我这完全是正当防卫啊。"

凯文仔细地检查现场，发现桌子对面的墙上有一颗法国造手枪的弹头，经验证正是罗宾说的首先射向他的那颗子弹。那支枪上虽留有梵尼的指纹，但是他并没有持枪执照，无法查出枪的来历。而罗宾先生是一名侦探，他的手枪已经注册备案了，并没有什么不妥。

凯文来到尸体旁边检查桌子，发现桌子的抽屉都关得好好的，于是拉开抽屉查看，也没有发现异常。

凯文思索片刻，对罗宾说："先生，恐怕你不能如愿以偿了，这是蓄意谋杀。"

★牛刀小试★

请问，你知道凯文探长为什么这么说吗？

罗宾声称他除了电话什么都没有碰过，并且说鲁道夫是拉开抽屉拿出手枪来向他射击的，但是凯文查看桌子的时候抽屉都是关着的，即使一个非常稳重细致的人，在气得失去理智时，也不会先关上抽屉再朝着罗宾开枪，显然罗宾先生撒了谎。

12

保险柜是空的

富翁西蒙斯不堪年迈久病的折磨，于4天前服安眠药自杀，在他自杀前，留给艾勒探长和他侄儿约瑟夫两封短信。

西蒙斯的房间只有一把钥匙，在约瑟夫手中。他留给约瑟夫的信中，要求侄儿必须在他死后等待4天，才能进入他的卧室，打开藏在他肖像后面的保险柜，并说保险柜中放着10万美金，一半赠予母校，一半留给约瑟夫。

按照死者信上的交代，约瑟夫在4天后邀请艾勒探长一起进入了西蒙斯的房间。艾勒看到壁炉的正上方挂着西蒙斯的肖像，炉台上放着一盆绿色的植物，宽大的叶片个个倾向墙壁，触及肖像。约瑟夫小心翼翼地移开了花盆，然后准备打开保险箱。

当约瑟夫去开保险箱的时候，艾勒朝着窗户走去，窗户正对着肖像，明媚的阳光穿过窗子直射到肖像上，窗户的里面上了锁。忽然约瑟夫一声惊叫："是空的！"

"是空的。"艾勒说，"你叔叔生前把钱寄给了我。他想考验考验你，看你是否有耐心等得了4天，没想到你没经得住这场考验！"

★牛刀小试★

聪明的读者，你知道艾勒为什么说约瑟夫没有经受住考验吗？

因为植物有向光性，如果4天之内不被移动的话，它的叶片应该倾向阳光这一侧，而约瑟夫移动花盆的时候所有的叶片都倾向墙壁，说明花盆被人移动过。窗户里面是上锁的，而只有约瑟夫一个人有大门的钥匙，因此约瑟夫一定是来过了。

救护车的失误

晚上 8 点钟左右，一个男子冲向马路中间拦车，原来是他怀孕的妻子马上就要分娩了，需要立刻去医院。一辆救护车从北向南飞驰而来，男子拦下了这辆救护车，可是司机却说他们要去接另外一名生命垂危的病人，没有时间送他妻子去医院。这位男子气得跟司机大吵起来。

这时，正巧一辆在追捕三名抢劫银行的歹徒的警车经过，车里的警察见到这里交通堵塞，便下来查看情况。经过警察的劝说，最后，救护车的司机只好让车上的两名医生下车，将哭叫着的孕妇抬上担架。

当其中一名警察看到孕妇被脚朝外、头朝里地抬上救护车时，立即下令逮捕了救护车上的司机和医生，并从车上的急救箱里搜出了整捆的钞票。原来救护车的司机和医生正是警察正在追捕的那三名银行抢劫犯。

事后，别的警察问这名聪明的警察："你怎么知道他们就是那三个抢劫犯呢？"

★牛刀小试★

聪明的读者，你知道聪明的警察所说的破绽是什么吗？

医生或者护士将病人抬上救护车的时候，必须是病人的头部先进，然后是身体。但颅内供血不足、休克、低血压、妊娠、颅内低压等疾病，被抬上救护车时是头朝外，脚朝内的。而歹徒并没有这样的常识，抬错了方向，露出了破绽，被警察识破了。

旅馆大盗

皇家旅馆的大堂经理艾斯维尔刚要下班回家，值班员阿姆斯顿急匆匆来到他的办公室，汇报说："刚接到警方通知，'旅馆大盗'已经来到本市，很可能住进了我们的旅馆，让我们提高警惕。"艾斯维尔一惊："这位大盗有什么特征？"阿姆斯顿说："据警察掌握的材料是这样的：他身高在1.62～1.68米之间；惯用的伎俩是不付账突然失踪，紧跟着旅客报案大量钱财失窃；经常化名和化装。"

艾斯维尔摇摇头，说："真够吓人的！那我们如何对付？如果窃贼真的住在我们旅馆里的话，你要多加防范。昨天电影明星布兰妮包了一个大套间，她戴了那么多钻戒，肯定会是目标。大后天早晨还有三位阿拉伯酋长来住宿，你要派人日夜监视，千万别出差错。""是的，我已经采取了措施。根据警察提供的报告，我们旅馆有4个单身旅客，身高都在1.62～1.68米之间。第一个是从耶路撒冷来的维尔克先生，经营水果生意；第二个是从巴黎来的约瑟夫先生，行踪有些诡秘；第三个是从加州来的企业家罗波斯；第四个是从里斯本来的鲁道夫，身份都不明。""这么说，其中每个人都有可能是旅馆大盗？""有可能，但您放心，我一定不让窃贼在这儿得手。"阿姆斯顿胸有成竹地答道。

过了两天，第三天上午，三位阿拉伯酋长住进旅馆。阿姆斯顿在离服务台不远的地方执勤，暗中观察来往旅客。只见维尔克先生从楼上走到大厅口，在沙发上坐下，取出放大镜，照旧读他从耶路撒冷带来的《希伯来日报》。

10点钟，约瑟夫和鲁道夫相继离开了旅馆。到了10点10分，电影明星布兰妮小姐发现她的手镯、珠宝都不见了。

阿姆斯顿顿时紧张起来，他一边向警察局报案，一边在思考谁是窃贼。这时，他又把眼光落在维尔克身上。维尔克好像根本不知发生了什么事，仍正襟危坐，聚精会神地借助放大镜看他的报纸，从左到右一行一行往下移。突然，阿姆斯顿眼睛一亮，忙把维尔克请到了保卫部门。

★牛刀小试★

你知道阿姆斯顿是怎样看出维尔克是真正的大盗的吗？

维尔克在看《希伯来日报》，而希伯来文与阿拉伯文一样，是从右向左书写的，而他的放大镜却是从左到右一行一行地往下移，从而露出其伪装的破绽。

走错房间的人

旅行家威尔逊在一家旅馆住了下来，舒舒服服地洗了个澡后，他给服务员打了个电话，请他们给他送份《华盛顿邮报》和一杯咖啡来。

不一会儿，就有人来敲门。"噢，真快。请等一下。"威尔逊过去开了门。

"早上好，先生。这是你的早餐。"一位服务员站在门口。

"可我没要早餐呀。"威尔逊说，"你大概弄错了，我只要了一杯咖啡，这儿是321号房间。"

"噢，对不起，应该是327号房间才对。打扰了，真对不起。"服务员关上门走了。

不一会儿，又是敲门声。

"请进！"威尔逊想：这回该是我的咖啡来了。

不想一个男人走了进来，看到威尔逊就大声地说："噢，你在这儿干什么？"

"什么？"威尔逊惊讶而且有些气愤，"你怎么在我房间里这样说话？你是谁？"

那个男人也不甘示弱："你在我房间里干什么？你怎么进来的？"

"这是我的房间。"威尔逊说道，"321号。"

"321号？"那男的看了看门牌，"天哪，我真的不知道该说什么好，我弄错了，真抱歉。"

"没关系。"威尔逊等他出去，关上了门。

又有人敲门。

"请进！"

进来的是个女服务员，说道："早上好，先生。这是你要的咖啡和报纸。"

正在这时，只听门外有人在喊："我的钻石项链丢了！"

威尔逊顿了一顿，马上冲出门去，大叫："快，抓住那个人！"

★牛刀小试★

你知道威尔逊说的是要抓谁吗？

第二个进他房间的男人。因为如果那个男人认为这是他自己的房间，那么进去的时候是不会敲门的。他敲门是为了确认里面有没有人，好进行下一次的盗窃。

笨贼变身现形记

　　暑假的一天，小威尔逊和妈妈一起来到动物园玩，威尔逊很兴奋，拉着妈妈一会儿到天鹅湖看天鹅玩水，一会儿到猴山看猴子们在树上翻来倒去，一会儿又到大象馆看大象们用鼻子喷水，玩得不亦乐乎。

　　傍晚动物园要关门了，小威尔逊还是兴致勃勃，妈妈说："时间不早了，我们回家吧。"威尔逊说："妈妈，你看那个小象多可爱啊，我想和它合个影，带到学校给同学们看看。"

　　妈妈把背包放在身后，蹲下来给威尔逊拍照。"咔嚓"一声，照完了，正要收起相机的时候，一个蒙面人突然从后面蹿出来，抢了妈妈的背包就跑。威尔逊吓得大叫起来："妈妈，有人抢包，快抓坏人啊。"妈妈和威尔逊一起追出去，但是坏人一眨眼就不见了。

　　动物园的警卫人员闻讯赶来，妈妈讲明了情况。警卫通过对讲机通知所有出口处，立刻停止放人出去，然后派了很多的警卫，大家一起分头搜查。

　　这时，动物园的游客已经很少了，其余的都是工作人员，他们正在忙碌着。威尔逊拉着妈妈的手，跟在警卫叔叔的后面，一起搜查着罪犯的踪影。

威尔逊看到有一个清洁工正在熊猫馆里打扫卫生，一个饲养员正端了一盆牛肉，投给犀牛吃，还有一个驯兽员，在训练猴子翻跟头。威尔逊看了后，马上拉住警卫，指着其中一个人说："先生，那个人就是抢劫犯。"

警卫立刻把威尔逊指的人抓了起来，一经审问，果然正是抢包的蒙面人。

★牛刀小试★

聪明的读者，你知道在三个工作人员当中谁是窃贼冒充的吗？为什么？

饲养员。因为犀牛是食草类动物，真正的饲养员怎么可能用牛肉喂呢？

胆小的目击者

威尔逊博士和罗曼德探长沿着一条小路缓缓地行走，这条小路从海尔丁·韦伯油漆过的后门廊到后院的工具屋之间穿过。

"在这条小路的任何地方都能看到阿姆斯顿·勃朗宁被杀的情景。"

罗曼德探长说："海尔丁当时就在这里，他是唯一可能的目击证人，但是他却胆小地说什么都没看见。"

"那他对此做何解释？"威尔逊博士问道。

"海尔丁说他一直走到工具房才发现油漆洒了一路。"罗曼德探长回答道。

于是二人更加仔细地查看油漆滴到地上的痕迹。从门廊到小路的中间，滴在路面上的油漆呈圆点状，每隔两步一滴；而从路中间到工具房，滴下的油漆则呈椭圆状，间隔为每五步一滴。进到工具房里，威尔逊博士发现门背后挂了一把大锁。

"无疑，海尔丁是怕说出真情后会遭到凶手的报复，他已经看到凶手的残忍手段了。"威尔逊博士说，"他肯定看到了这里发生的一切。"

★牛刀小试★

你知道威尔逊博士根据什么做出这样的论断吗？

威尔逊根据地上的油漆痕迹做出了这样的论断。从小路中间至工具屋的油漆痕迹变成椭圆形，并且间隔拉大，这就是因为海尔丁看到变故，奔跑时造成的。门后的大锁进一步说明了，他胆小怕事是真的，所以他才会说没看到。

第四讲

哈佛教你——剖析罪犯心理揭穿谎言

保安的谎言

有一天，一家工厂打电话报警，说厂里发生了盗窃案，原本放在财务办公室保险柜里的100万元货款不翼而飞了。

警察赶到现场，发现办公室的玻璃窗被打碎了，屋子里遍地都是碎玻璃，看样子小偷是从窗户跳进来作案的。

当晚值班的保安对警察说："这个贼应该是后半夜作的案，因为我在午夜12点还到这个房间巡视过，当时门窗都好好的。"

警察追问道："你确定吗？"

保安点点头："当然，我还顺手拉上了窗帘呢。"

警察指了指地上的玻璃碴："窗户被打碎得这么厉害，小偷应该用了很大的力气，玻璃掉在地上的声音也应该很大，难道你没有听见声音？"

保安摇了摇头说："没有，因为厂房边上有条铁路，可能小偷是趁火车经过时把窗子砸破的。火车一来，就什么都听不见了。"

警察再次观察了屋内的情况，立即有了判断。

★牛刀小试★

聪明的读者，你知道谁偷走了货款吗？为什么？

保安员。因为保安说在小偷破窗前拉上了窗帘，如果真的是这样，当小偷打碎玻璃时，碎玻璃会被窗帘挡住，就不会落得满屋都是了。显然保安撒了谎。

失踪的"黑便士"

汤姆是一个集邮爱好者。有一天汤姆报警说自己珍藏的"黑便士"邮票被人抢走了。

警察赶到汤姆家里，汤姆说自己把"黑便士"邮票和其他珍贵邮票都放在收藏室的矮玻璃柜里。今天上午家里来了个叫桑格的客人，汤姆陪他去参观邮票。没想到的是，桑格突然从后面打昏了汤姆，并撬开柜子上的锁，抢走了"黑便士"邮票。等汤姆醒来时，桑格已经逃之夭夭了。

警察仔细察看了矮柜，看到里面放了很多珍贵的邮票，只有一小块地方是空的，估计是原来放"黑便士"的地方。而在柜子边沿上还有好几处被撬的痕迹，锁就扔在地上，看来这个窃贼花了不少工夫。

警察沉思了一会儿直起身子问汤姆："你为'黑便士'投过保吗？"

汤姆说："当然投过，这可是世界上第一枚邮票，价值连城，所以我为它投了30万的保险，有什么问题吗？"

警察说，"没有问题了，我已经知道窃贼是谁了！"

★牛刀小试★

你知道警察口中的窃贼是谁了吗？理由是什么？

汤姆本人。警察判断汤姆就是窃贼是因为罪犯作案时都有一个特点，就是要想办法加快速度，缩短时间。在这起案件中，窃贼完全可以直接打碎矮柜的玻璃，拿到邮票。而事实上他却费工夫撬开柜子，那就只有一种解释，就是他怕损坏矮柜中的其他邮票，而有这种想法的，只能是邮票的主人。那么，他这么做的目的是诈骗保险金。

大提琴手之死

　　安娜是伦敦一知名乐团的大提琴手,有一天被人发现她的尸体躺在公寓的停车场,旁边是她的红色轿车。经调查安娜是在晚上8点钟遭人谋杀,也就是她预定到达剧院参加音乐会演出前的15分钟左右被人拿手枪射杀的。

　　凶手共射击两次。第一颗子弹穿过她的右大腿,在她紫色的短裙上留下了一大片血迹。第二颗子弹是致命的,正好射中她的心脏,在她的白衬衫上留下了殷红的一大片血迹。轿车里放着安娜小姐的大提琴。

　　警方经调查,找到了三个证人并听取了他们的证词。

　　发现尸体的房东太太说,安娜确实是要去参加音乐会,但没有演出,因为有一位过分热情的追求者一直困扰着她,那人正是管弦乐团的同事彼得。最近一星期以来,因为要躲避彼得变态的热情追求,安娜都没有练习大提琴,或者说根本没有从车中取出大提琴。

　　而彼得却坚称,他和安娜早已两情相悦在一起了,安娜也说她要演出,并且要在晚上8点10分去他的住处接他,然后像往常一样一起开车到剧院,但是那天他却没有等到她。

乐团的指挥杰克说，管弦乐团的女性成员穿紫色裙子和白衬衫，而男性成员则穿白色西装上衣和黑色裤子，至于款式方面，则没有硬性规定。管弦乐团的成员都是在家中穿好衣服直接到剧院的。他又说，安娜是乐团的首席大提琴手，技艺娴熟，无疑是不用练习就能够有很好的演出，因为音乐会是重复性的节目。

在听了三个人的证词之后，探长思索片刻立刻便断定是彼得在说谎。

★牛刀小试★

你知道探长为什么断定是彼得撒了谎吗？

因为大提琴的演奏姿势问题，演出的时候，女性大提琴手是不会穿着短裙的，所以虽然安娜穿了紫色的裙子，车子里有大提琴，但肯定不是去演出的，而彼得说安娜要参加演出，肯定是在说谎。

照片的证明

某个周日的午后，在距离市中心50公里的地方，有个独居的老妇人被杀害在自己的别墅内。老妇人除了一个远房外甥外没有别的亲人，平时也很少有朋友来往。老妇人是被一把匕首刺中失血过多而死，遗容衣冠整洁，屋内没有丝毫凌乱之处，显然被害时没有与凶手发生打斗和挣扎，遇害的时间是下午3点钟左右。根据警方调查，被害人的外甥嫌疑最大。因为老妇人有一座很大的农庄，若是老妇人死了，这个外甥将成为继承人，而听附近邻居说，老妇人前段时间说想将农庄捐给镇里的孤儿院经营，可能是这个外甥为了谋夺姨妈的财产，一气之下才出此下策。

警察立刻找来老妇人的外甥问话。这个年轻人身穿西装，外表看起来忠厚、斯文，一点都不像杀人犯。当警方盘问他下午3点钟在哪里时，他说自己当时在市内的中心公园里游玩，而且说自己有证据证明。年轻人拿出一张照片给警察看，原来是他下午3点钟在中心公园钟楼前的留影，身后钟楼显示的时间正好是3点钟。年轻人跟警察说：“警长您看，这是我在滨海公园请过路的女学生拍的，我身后钟楼显示的就是3点，这足以证明我姨妈遇害时我不在现场了吧。”

警察看看照片，不屑地看着这位斯文的年轻人，冷笑着说：“谢谢你为我们提供了证据，你被捕了！”

★牛刀小试★

你知道警察为什么说照片是证明这个年轻人有罪的证据呢？

照片上西装胸部的口袋、纽扣都在右边，而实际上年轻人的西装口袋是在左侧，纽扣也在左侧，再加上9点在海滨公园照的照片，利用反洗就能够把9点变成下午3点。所以警长立即肯定这张照片是伪证。

长颈鹿的嘶叫声

一天晚上，大侦探罗曼德正驾着车在郊外的大道上飞驰。在明亮的车前大灯照耀下，他猛然发觉有个男子正匆匆地穿越公路，马上急刹车。那男子吓得在车前僵住了。罗曼德跳下车关切地问道："您没事吧？"

那人喘着粗气说："我倒没事。可那边有个人倒在动物园里，恐怕已经死了，所以我正急着要去报案。"

"我是侦探罗曼德，你叫什么名字？"

"梅格·泰勒。"

"好，梅格，你领我去看看尸体。"

在距公路大约一百米处，一个身穿门卫制服的男子倒在血泊之中。罗曼德仔细验看了一下说："他是背后中弹的，刚死不久。你认识他吗？"

梅格说："我不认识。"

"请你讲讲刚才所看到的情况。"

"几分钟前，我在路边散步时，一辆汽车从我身边擦过，那车开得很慢。后来我看到那车子的尾灯亮了，接着听到一声长颈鹿的嘶鸣，我往鹿圈那边望去，只见一只长颈鹿在圈里狂奔转圈子，然后突然倒下。于是，我过去看个究竟，结果被这个人绊了一跤。"

罗曼德和那人翻过栅栏，仔细查看受伤的长颈鹿，发现子弹打伤了它的颈部。

梅格说："我想可能是这样，凶手第一枪没打中这人，却打伤了长颈鹿，于是又开了一枪，才打死了这人。"

罗曼德说："正是这样，不过有一件事你没讲实话：你并不是跑去报警，而是想逃跑！"罗曼德拿出手铐把那人铐了起来。

经过审查，这人果然是凶手。

★牛刀小试★

你知道罗曼德侦探是如何判断梅格就是凶手的吗？

长颈鹿发出的声音是次声波，人是听不见的。梅格说他听到长颈鹿的嘶鸣后才被尸体绊了一跤，所以被罗曼德侦探发现他撒谎了。

6
银器失窃案

奥克兰市的布鲁克大街有一家银器店，店主名叫麦克·霍金斯。他销售中档银器，也收购古典银器。

这天，麦克·霍金斯急匆匆来到警察局报案，说他店里有12只贵重的银器被抢，其中8只是布朗太太的寄卖品。

值班警官奥利弗接待了这位老板，并问他："银器是怎样被抢的？请您把案情详细说说好吗？"

麦克·霍金斯急切地叙述道："下午1点钟刚过，我一个人待在店里，背对着门，正在擦一只贵重的银器，突然，我感到背后腰眼上顶上了一把手枪，一个陌生的声音威胁我说：'不准回头！把展柜里的东西一件件举起来递给我！你要是胆敢回头看我一眼，我送你这胖猪去见上帝！'我当时非常害怕，没办法，只好将柜子里的12只贵重银器递给了那个强盗。"

奥利弗不动声色地听着，听麦克·霍金斯说完，他沉吟了片刻，又发问道："那么，你有没有看到强盗的样子？"

"警官，我尽管没有回头，但只要这家伙再露面，我一眼就能认出他！"店主说。

"怎么，老板，你有特异功能？"奥列弗警官笑着问道。

"是这样的，在这被抢的12只银器中，有一只擦得雪亮的新银盘，当我把这只盘底又深又圆的意大利式果盘递给强盗时，我故意将它往上侧举了一下，这样，我就看到了罪犯的脸。银盘就同镜子一般，把那强盗照得清清楚楚，那家伙长着小胡子，三十几岁的样子。"店主解释道。

奥利弗听完，想了一会儿，突然冷笑道："贪心的奸商！你为了吞掉别人寄卖的银器，竟要花样耍到警察局来了！"当即一拍桌子，命令道："来人，将这编造假案的家伙给我关起来！"

★牛刀小试★

聪明的读者，你知道奥利弗警官为什么断定店主是报假案吗？

凹圆的银盘相当于一个凹面镜，侧举的时候绝对不可能照出他背后的任何物像，而只能照出他本人在盘底变了形的倒影。

名画被盗

约瑟夫热衷于收藏世界名画，不久前他收集到荷兰画家鲁道夫的一幅自画像，他的画家朋友安德鲁也对此画爱不释手。安德鲁嫉妒地笑道："你不怕被人偷去吗？"约瑟夫说："我已经为它买了保险了。"

几天后的一个晚上，凯尔探长从约瑟夫家门口经过，突然他发现一辆小汽车悄悄开到约瑟夫家的后门，一个穿戴整齐的人匆匆从屋里走出来，塞给司机一个长筒形的东西，然后小汽车迅速离开了。前后不到一分钟的交接，看来是早有安排的。

凯尔皱了下眉，惊呼一声便快步走到约瑟夫门口，刚敲一下门就听约瑟夫在里面应声，随后管家开了门。

凯尔上楼后看到约瑟夫正站在散乱的床边，右脚插在裤腿里，左脚还在外面。

"我听见外面有响声，正要穿衣服出去看看。"约瑟夫有些惊慌，问道："发生了什么事吗？"

"你家可能失窃了。"凯尔回答。约瑟夫大吃一惊，马上穿好裤子，光着脚跟凯尔冲下楼。

"啊，真的失窃了，我那幅鲁道夫的自画像被偷走了。"约瑟夫万分沮丧，"我要把它找回来。"

凯尔看着满脸沮丧的约瑟夫说："别装了，画是你自己给了那个司机吧。"

★牛刀小试★

聪明的读者，你知道凯尔探长为什么会这么说约瑟夫吗？

一个惯用右手的人，脱裤子的时候通常先脱左腿，穿裤子时先穿左腿。凯尔探长在卧室见到约瑟夫的时候，约瑟夫的右腿在裤腿里，而左腿在外面，说明约瑟夫当时是在脱裤子而不是在穿裤子，因此凯尔探长断定约瑟夫撒了谎。

8

深海探案

在太平洋某处深40米的海底，有一个日本的水生动物研究所，专门研究海豚、鲸鱼的生活习性。研究所里有主任山本和三个助手山田、松岛、井田。那里的水压相当于5个大气压。

一天，吃过午饭，三个助手穿上潜水衣，分头到海洋中去工作。下午1点50分左右，陆地上的武滕来到研究所拜访山本。刚一进门，发现山本满身血迹地躺在地上，已经死去。

警察到现场调查，发现山本是被人枪杀的，作案时间在1点左右，据分析，凶手就是这三个助手之一。

可是三个助手都说自己在12点40分左右就离开了研究所。

山田说："我离开后大约游了15分钟，来到一艘沉船附近，观察一群海豚。"

松岛说："我同往常一样到离这里10分钟路程的海底火山那里去了。回来时在一点左右，看见山田在沉船旁边。"

井田说："我离开研究所后，就游上陆地，到地面时大约12点55分。当时增川小姐在陆地办公室里，我俩一直聊天。"增川小姐证明井田一点钟左右确实在办公室里。

听了三个助手的话，警察说："你们之中有一个说谎者，他隐瞒了枪杀山本的罪行。"

★牛刀小试★

请问，你能知道谁是说谎的凶手吗？为什么？

井田。因为研究所在水下40米的地方，大约有5个大气压，要想从这样的深度游向地面，必须在中途休息好几次，使身体逐渐适应压力的改变。如果只用15分钟游到地面，那么一定会患潜水病，轻则昏迷，重则死亡。所以井田一定在说谎，他就是枪杀山本的凶手。

发型之谜

一天，好友哈伦警官垂头丧气地来到乔治的侦探事务所。

"乔治，你要是发现了这个家伙就通知我。这是指名通缉的剪拼照片。"哈伦说着从上衣口袋里掏出一张照片递给乔治侦探看。照片上的人留着分头，戴着墨镜。

"这个人犯了什么案？"

"这一个月来，夏威夷接连有几家饭店遭到怪盗的洗劫。这个怪盗的作案特征是专门趁游客洗海水浴的空隙，潜入客房盗窃现金和宝石。终有一天该他不走运，四天前，他在行窃时被饭店的服务员发现，但他打倒了服务员后逃跑了，似乎是乘飞机逃到纽约来了，所以，夏威夷警方根据服务员的证词，给犯人画了像，请我们协助追捕。"

乔治侦探认真地看着照片。他惊叫道："哎呀！要是这个家伙，我还真知道。就是昨天才搬进这家公寓4楼的那个人。"

"噢，这么巧？"

"是的，脸非常像，只是发型有点儿不同。"

"不管怎样，咱们还是去看看，你带我去吧。"

两个人马上来到4楼，敲响了413室的门。门开了，一个男人从里面探出头来。

的确，此人跟照片上通缉的那个人长得一模一样，不同的是照片上的人发型是个分头，但这个人的发型却是个大背头。

"喂，洗劫夏威夷饭店的就是你吧！"哈伦警官把通缉照片送到他的眼前。

"这怎么可能呢？我的头发，你们看我是背头呀。从十几年前起我一直是这种发型。而这照片上的人梳的是三七开的分头啊，所以他只是长得像我，但并不是我。"对方答说。

"头型只要有把梳子，要什么型就有什么型，而你晒黑的脸就足以证明你在夏威夷待过比较长的时间。"

"我的脸是打高尔夫球晒黑的。随你怎么怀疑，要想逮捕我，就拿出我梳过分头的证据来看看。"他板着脸假装被冤枉生气。

就连哈伦警官也被噎得没话说了。

这时，乔治侦探从旁插话说："要证据是吗，很简单，就请你配合做个实验吧。如果通过这个实验，能证明你的清白，你不是也洗清嫌疑了吗？"

对方犹豫了一会儿，还是答应了。乔治侦探将对方带到附近的一个理发店做了个实验，就拿到了他最近梳过三七开分头的证据，罪犯马上无话可说，乖乖认罪。

★**牛刀小试**★

你能想到乔治侦探到底做了什么实验，看破了此人的伪装呢？

乔治侦探将此人领到理发店，给他剃了个光头，此人头上梳过三七开分头的痕迹就表露无遗了，因为若梳着分头在夏威夷待上一个月，分着线的那部分头皮必然会被晒黑，如果把头发剃光，就会露出阳光晒过的分线痕迹。

10

我不认识哈里希

探长阿尔夫·勃兰特和副警官米夏埃尔·克吕格尔为了一桩抢劫案开车来到一座公寓前。他们要找一个名叫安格莉卡·迈希特的人。

开门的正是安格莉卡。她将两人请进屋说："二位先生有何贵干？"

"太太，您认识一个叫哈里希的人吗？"

"哈里希？我从未听说过。"

"我们刚从拘留所来，他说认识您。"

安格莉卡很镇定地抽了口烟，说道："警官先生，我真不知道您在说什么！"

阿尔夫用手指着她说："哈里希从银行抢走了19万马克，很不幸24小时之后，他就被警察抓获了，他已说出将钱给谁了。"

"警察先生，我再说一遍，我不认识哈里希，对银行抢劫案也不感兴趣！"

"荒唐！那为什么哈里希说他将钱给了你呢？"米夏埃尔插嘴说。

安格莉卡跳了起来："诬蔑，我要控告你们……"

"太太，请不要激动，就请你告诉我们哈里希究竟是什么时候把钱给了你，你又将钱藏在什么地方了？"

安格莉卡气得大叫道："我要说多少遍，我根本就不认识什么路德维希·哈里希！"

"你真不认识？"

"当然不认识！"

阿尔夫生气地从口袋里抽出一张逮捕令，说道："太太，您刚犯了个严重的错误，充分证明您与这桩抢劫案有莫大的关系，现在，您被逮捕了。"

★牛刀小试★

请问，安格莉卡犯了什么错误？

安格莉卡在气急之下说出了哈里希的全名——路德维希·哈里

希，很显然，她撒了谎，她一定认识此人。

一壶清咖啡

一个周末的下午，百货公司门前大钟指向4点20分。营业厅里熙熙攘攘。布兰妮小姐正在12号收款台值班。这时一对上了年纪的夫妇缓缓向她走来。

这对夫妇是下午2点50分来公司的，已经逛了很久，他们来到收款台前，男的把购物车里的商品一一拿出来给布兰妮结账，东西很多很杂，包括4个苹果，3瓶洗发水，5包火柴，2本杂志，2条围巾，5听罐头。

待这几种商品都扫描完以后，布兰妮看到购物车里还有一个热水瓶，就顺手拎起热水瓶想看看价目标签，男的忙解释道："小姐，这个是我们随身带的，不是在这里买的。瓶里装的是清咖啡，我妻子每20分钟要吃一次药，遵医嘱需要用清咖啡服药，所以我们去哪里都会带上一壶清咖啡。"说着，还旋开瓶盖给布兰妮看，顿时空气中飘溢着诱人的咖啡香。

布兰妮看了一眼满满的一瓶咖啡，不由一怔，接着立马抓起内线电话，向安全部负责人汇报了其中疑点。5分钟后，这对夫妇被

安保人员扣留。经检查，在热水瓶的清咖啡中居然藏着偷来的价值600英镑的珠宝。

★牛刀小试★

你知道布兰妮小姐如何发现这对老夫妇有问题的吗？

老夫妇说每20分钟就得吃一次药，而他们已来了90分钟之久，按男的所说，女的应该已喝了4次咖啡，热水瓶里的清咖啡肯定会少很多，而他给布兰妮小姐看热水瓶的时候，里面的咖啡还是满满的，这就产生了矛盾，因此布兰妮小姐断定这个男人是在撒谎，这两个人一定有问题。

诊所凶案

约克镇的著名牙医杰西在一座大厦的第15层租了间办公室，开了个牙医诊所。一天下午，他正在为黛娜小姐提取左下齿的蜡模的时候，他们身后的房门悄悄地被人打开了一条小缝，接着"啪，啪"两声枪响，黛娜小姐倒在椅子上，当时就一命呜呼。

杰西赶忙转过身看，凶手已经跑得无影无踪了。杰西赶快报了案。警官罗曼德很快赶来，据一位电梯工反映，在案发前不久曾送过一个神色紧张的男子上15层。根据电梯工的描述，警方断定那人是不久前刚假释的亚瑟。亚瑟被传唤到警察局，而他说自己从不认识黛娜小姐，案发那天的整个下午他都在自己的寓所里睡觉。

警察追问："电梯工却说在案发前不久曾送过一个相貌特征和你相同的人上15层杰西的诊所，这您又做何解释？"

"那不是我！"亚瑟怒吼道，"自从假释以来，我根本就没去过牙医诊所，那个杰西我听都没听过，我敢打赌他从未见过我。你们还有什么证据可以抓我呢？"

"不用了，这就足够送你回监狱了。"一直在旁边静听的罗曼德突然厉声打断他。

★牛刀小试★

你知道罗曼德凭什么推断凶手是亚瑟的吗？

因为警察从未向亚瑟说杰西是牙医，也没有说是牙医诊所，而亚瑟说自己不认识杰西，却知道是牙医诊所，因此亚瑟肯定说了谎，罗曼德以此断定凶手肯定是亚瑟。

失窃的名画

名侦探赖尔正在书房里翻阅案卷，他的助手索菲亚小姐拿着一份匿名电报走进来，只见电报上写着："巴顿博物馆有幅世界名画被盗，请速来侦破。"赖尔站起身来，看了看表说："现在是晚上11点，不管是真是假，我们都要去看一下。"于是赖尔和助手索菲亚小姐一起来到了巴顿博物馆。

博物馆的展厅里站着一男一女两个管理员，赖尔说："我是赖尔探长，刚才接到消息，说贵馆有幅世界名画被盗了，请先带我查看下现场吧。"检查完毕后，赖尔觉得这起盗窃案不像是外部偷盗，于是就让两个管理员讲讲失窃前后的情况。

女管理员说："晚上7点钟下班时，我们一起锁上大门，然后就各自回家了。几十分钟前，他通知我说有幅名画被盗了，我就赶过来了。"男管理员接着说："我回家后想起来有本书遗忘在展厅里，就回来取书，结果发现名画不见了，于是马上给她打了电话。"

赖尔又问道："你们7点钟关门时名画还在吗？"

"还在，关门前我还给它弹过灰呢。"男管理员回答道。

赖尔请女管理员讲讲自己的看法，她说："我对发生的事都不知道，依我看，肯定是偷画人给你拍了电报，想故意把水搅浑，这种贼喊捉贼的把戏多的是。"

"您说得对极了，女士，别再狡辩了，那个偷名画的人就是你自己！"赖尔讲完，就让助手给女管理员戴上了手铐。

★牛刀小试★

你知道赖尔探长是如何断定女管理员就是罪犯的吗？

赖尔探长询问这两个管理员的时候，只字未提自己是收到匿名的电报报案才到这里的，女管理员却先说了出来——赖尔收到了电报，可以断定女管理员给赖尔拍了电报，那么无疑她是贼喊捉贼。

14

被窃的手提包

丽莎下了飞机，乘车来到之前预定的五星级宾馆，一位女招待员热情地接待了她，很快丽莎小姐在自己的房间安顿了下来。女招待员离开的时候丽莎叫住她："麻烦你明天早上给我送一杯

热牛奶，谢谢。"

丽莎是一家珠宝公司的产品总监，这次是代表公司来参加一个国际珠宝博览会。丽莎坐到沙发上，打开自己的手提包，里面装了许多精美的首饰。丽莎仔细检查后发现没有摔坏的，便放心地舒了一口气，把手提包放在床头柜上便去餐厅吃饭，回来后洗个澡便睡下了。

第二天早上，她醒来已经快7点钟了，便急忙穿好衣服，按电铃叫女招待员送牛奶，自己到洗漱间洗漱。她刷完牙刚要洗脸，听到房门开了，女招待员送牛奶来了，便没在意。但是正在她洗脸的时候，听到外面"扑通"一声，她急忙跑出来看，吓得惊叫起来。原来女招待员已经躺在房门口，满脸是血，已经失去了知觉。丽莎再往床头柜看，自己装有贵重首饰的手提包已经不翼而飞了。丽莎立即大声呼救。

很快警察赶来了，摩西探长也赶来了，女招待员经过大家的悉心照料已经醒来了。摩西探长便问女招待员："小姐，你能把刚才看到的经过跟我说一下吗？"

女招待员说："当然可以，刚才，我按丽莎小姐的吩咐给她送来了一杯热牛奶，可是刚进屋，就从门后蹿出来一个男人，照着我的脸就是一拳，我一下子被打倒在地上，之后就什么都不知道了。"

"那个人长什么样子你看清楚了吗？"摩西继续追问道。

"事情发生得太突然了，我没看清楚他的脸，只看见他拎着丽莎小姐的手提包飞快地逃走了。"

摩西点了点头，没再问什么。他走到床头柜前，端起那杯还温热着的牛奶想了一会儿，突然对女招待员说："小姐，别演戏了，这件事你最清楚不过了，快交代出你的同伙吧！"

听了这话，女招待员立刻瘫倒在地，原来，正是她勾结了盗贼，偷走了丽莎小姐装满贵重首饰的手提包。

★牛刀小试★

那么，聪明的你知道摩西探长是怎么发现女招待就是罪犯的吗？

床头柜前的热牛奶，好端端地放在那儿，女招待说自己端着热牛奶进屋的时候被人一拳打在脸上才倒在地上的，若真是这样，牛奶早就洒在地上了，所以摩西断定女招待员撒了谎。

15 电梯里的飞剑

探长麦尔斯与一位大使馆朋友一起去拜访一位住在古城堡里的著名画家，画家的秘书出来迎接。"他在4楼。"秘书说着，按了一下专用电梯旁边的有线电话。电话里传出画家的声音："有什么

事吗？"

"麦尔斯探长来了。要不要带他们到画室？"

"不，我这就下来，你先招待他用茶。"被截去双腿的画家先生坐上手摇车进了电梯。过了一会儿，电梯就直接下到一楼。

"不好！"电梯的自动门一开，秘书就发出了惊讶的叫声。只见狭窄的电梯里，画家坐在手摇车上浑身痉挛。原来，一根锐利的短剑直刺在他的颈脖上，剑柄上还拴着一根粗粗的橡皮筋。秘书将车从电梯里推出来，摸了摸画家的脉搏，说："看来他不行了！这真是怪事，4楼画室里，除了先生自己外，一个人都没有……"

"这屋里另外还有楼梯吗？"

"有个紧急时用的螺旋楼梯，平时是不用的。"

"那我们分别从这个电梯和那个楼梯到上面去看看！"麦尔斯乘上刚才画家遇难的那部电梯，而秘书和使馆人员则上了螺旋楼梯，麦尔斯很快到了4楼画室，没见到任何人。不多一会儿，秘书和使馆人员也上来了。

"杀人犯也许是藏在电梯上下的竖坑里，我去那里看看。请您向警察局报案。"秘书摘下螺旋楼梯的天花板，进入了顶楼。

"杀人犯会逃到哪里去呢？"麦尔斯惊骇不已。画家的窗子都装有铁条，凶手不可能跳下去逃跑的。画家肯定是在乘电梯下降到一楼时被杀的。电梯没有在中途停过，杀人犯不可能逃脱三个人的眼睛而溜走。

忽然，麦尔斯想起刚才所乘的电梯天花板上有个通风孔，心里不由一动：杀人犯会不会是他……

★牛刀小试★

聪明的你知道凶手是谁吗？说说你推断的依据。

画家的秘书。因为剑柄上有橡皮筋，说明作案时，借助了橡皮筋的反弹力，电梯天花板上有个通风孔，短剑可以利用这个通风孔投射进来；而短剑发射的机关，与电梯的操纵杆有关，当4楼的画家乘坐电梯下楼时，橡胶绳子就会随着电梯的下降而伸长，达到极限时橡胶绳子就会断掉，短剑就会像弓箭般坠下，刺杀了坐在轮椅上的画家。能够利用到这些条件的人，应该是熟悉住楼结构的人，而案发后找不到罪犯，罪犯又不可能在众人的眼下逃走，那么最有可能的是他的秘书。

16
失窃的公文包

英国超豪华游轮"伊丽莎白"号首次远航日本。"伊丽莎白"号是传媒大亨约翰花了3 000万英镑，向西班牙造船厂订购的。这艘超豪华游轮长300米，有三层舱体和双层甲板，能够为80名贵宾提供舒适惬意的旅程。

约翰邀请了世界传媒集团的大亨们乘坐"伊丽莎白"号远航日本，去享受最新鲜的生鱼片和鲑鱼大餐。大亨们对这艘"游艇之王"赞不绝口，德国传媒集团的总裁约瑟夫甚至用嫉妒的口吻说，把全世界报纸的利润加起来，也只够造两艘"伊丽莎白"号。

约翰得意地笑了，同时他还告诉大家现在已经进入日本领海了。大亨们听说已经来到日本领海，纷纷挤上甲板，想看看这个岛国的面貌。让他们失望的是，别说白雪皑皑的富士山，连小片陆地都看不到。

既然没有什么特别的风景，大家又重新回到客厅，讨论起如何提高数字电视技术的枯燥话题。忽然，约瑟夫惊叫起来，他的公文包不见了！

人们一下子全都围拢过来，大家都知道公文包失踪对一个总裁来说意味着什么，那里面不但有大量现金、信用卡和空白支票，还有许多机密资料和信息，这些信息的价值是无法估价的。

约翰非常恼火，他找来船上所有的护卫，发誓要找出窃贼。经过仔细回忆，每个人都互相证明了自己刚才都在甲板上。也就是说，偷走公文包的人只可能是船上的船员。

约翰立刻把船上的5名船员叫了过来一一询问。船长说，他在驾驶舱里一直没走开过，有录像带可以作证；技师说他一直在机械舱保养发动机，好让发动机能一直保持37节的速度，可是没人能证明；电力工程师告诉约翰，他刚才在顶层甲板更换日本国旗，挂上去以后发现挂反了，于是重新挂了一次，有国旗可以作证；还有两名船员说他们在休息舱打牌，互相可以作证。

约翰听完，立刻指出了其中一个人在说谎，并且让他交出公文包。

★牛刀小试★

聪明的读者，你知道谁在说谎吗？为什么？

电力工程师。日本国旗是白底加太阳的图案，没有什么正反的区别，所以，电力工程师压根就没有重新挂国旗，他有足够的时间作案。

冒牌英雄

在彼得格勒保卫战期间，有一次，德军一个连进攻苏军守卫下的医院，当时医院里的预备队都被调去支援其他阵地，仅剩下几名士兵、医护人员和伤员。为了让士兵和医生迅速带伤员撤离，法国人约瑟夫独自承担起掩护的重任，最后成功撤离。德军无论如何也想不到，掩护医护人员成功撤离、抵抗了一个多小时的，竟然只是一个法国人！而在医院被攻陷后，大多数彼得格勒人都认为约瑟夫牺牲了。

战争胜利后，为了缅怀这位英雄，彼得格勒居民为他建立了一座雕塑，还以他的名义设立了基金，专门帮助退伍的老兵。

在基金成立的庆祝会上，主持人饱含深情地向人们讲述了约瑟夫的英雄事迹。就在大家都在怀念英雄时，一个老头站起来说道："其实，我就是约瑟夫，我没有死！"

会场的气氛一下子沸腾了！主持人马上邀请约瑟夫上台，为大家讲述自己的传奇经历。老头缓缓地说道："德军攻占医院的时候我受了重伤，神志不清，当我再次醒过来的时候发现自己身在医院里。随后，我作为战俘被押送到集中营，一直待到战争结束。"接着，约瑟夫回忆起自己小时候在彼得格勒的幸福时光："彼得格勒是一个美丽而安静的都市，我就出生在这里。我父亲在1911年就来这里做生意，开了一家叫作'彼得格勒'的木材店，做木材加工生意。到我出生的时候，商店已经开得很大很大……"

忽然，人群中有个年轻人站起来打断了他的话："你不是约瑟夫，你是个骗子！"

在场的人全都惊呆了：这是一个不到20岁的小伙子，他怎么可能知道约瑟夫在撒谎呢？难道他有未卜先知的本领？当小伙子把自己的理由一讲，大家恍然大悟。

★牛刀小试★

聪明的读者，你知道是什么让小伙子看出这是个冒牌约瑟夫吗？

1911年的时候，俄国还在沙皇统治下，当时的彼得格勒还叫作圣彼得堡，约瑟夫的父亲不可能在那个时候就开一家名为"彼得格勒"的木材店。

列车劫案

秋日的一天早晨，亚瑟探长正在家里悠闲地看着当天的报纸时，电话铃响起，警察局打来电话，说在一列火车的邮件车厢上，有一箱托运的黄金饰品被人抢了。亚瑟马上出发。

亚瑟赶到现场，发现车厢门口的地上有两个抽剩下的烟头。在场的警察告诉弗兰克值班员说黄金饰品被两个蒙面劫匪抢走了。亚瑟让警察带来当天邮件车厢的值班员弗兰克来询问。

"弗兰克先生，请你讲下抢劫发生时的情况吧。"

弗兰克说："今天上午，我们组长送来一个邮包，说里面有贵重的物品，让我注意看管。我便把整个邮包放在了靠里的位置小心看管。火车开了一段时间后，我突然听见有人敲门，先是两下轻的，然后是三下重的。我以为是列车员，便将门打开，结果闯进来两个人，他们都戴着头套，只露出两只眼睛。他们进来后就一下击中我的脑袋，将我打倒后，每人叼起一支烟，还说了些什么，但火车声音太大了，我没听清楚……"

亚瑟听到这里朝弗兰克摆摆手说："弗兰克先生，不用说下去了，我认为你有很大嫌疑！"

★牛刀小试★

聪明的读者，你知道亚瑟探长为什么说弗兰克在撒谎吗？

弗兰克说劫匪戴着只露出两只眼睛的头套，只露出两只眼睛来怎么可能吸烟呢？还有弗兰克说劫匪敲门是先两下轻的，然后三下重的，后来又说火车声音很响，听不清楚劫匪说的话，但是之前怎么听到那两声轻轻的敲门声呢？所以弗兰克是在撒谎。

第五讲

哈佛教你——依靠科学洞察事实真相

神秘旋涡

这天早上，特工杰米泡在夏威夷著名酒店的浴缸里，在温水中悠闲地边泡澡边思考问题。洗完后，他拔掉浴缸里的橡木塞，看着带着蒸汽的水由左向右打着旋涡缓缓下降，觉得大自然真是神奇。

"真有意思。"他笑着说道。他穿上大衣、戴上便帽准备出门，这时门外传来了敲门声。"谁呀？"杰米问道。"是我，埃里。"门外的人回答。埃里是当地最有名的家具店的老板，可是杰米和他没什么来往。

杰米带着疑惑打开了门，却见一个高大威猛的男人手持长柄猎枪，一脸阴沉地说："跟我们走一趟吧！"接着，从这个男人身后又蹿出来两个黑衣人，他们飞快地绕到杰米旁边，一人捂住杰米的嘴，并给他套上头套，另一个则用手铐铐住他的手，不到30秒钟，杰米就完全无法动弹了，然后被这些人迅速抬到一辆汽车上拉走了。

在以后的好几天里，杰米只能隐约听到车辆行驶的声音。他好像上了船，在海上航行了很久，然后又下了船，重新开始坐汽车。到达目的地时，杰米被松了绑，然后被关到一个门窗密闭的房间里。铁门上的喇叭里传来一阵刺耳的声音："亲爱的杰米，原谅我这么对你，我们组织的首领被你们抓起来了，现在我们要拿你去换他。"

杰米怒吼起来。可任凭他怎么发火，喇叭里都没有一点回音。杰米开始清点自己身上的装备。几乎所有的东西都被收走了，只有鞋子还在，鞋跟上有一个微型通讯器，能够让他联络到总部，可是自己现在身处哪里呢?

杰米仔细分析，绑架他的人，可能来自夏威夷或者新西兰，要是能确定到底在哪儿该多好，可是对方太小心了，一点信息都没有透露。百般无奈，他只好先走进浴室，想好好泡个澡。泡在浴缸里的时候，杰米忽然想到了什么，于是他迅速从浴缸出来，然后拔开了浴缸塞子，看到水流开始以从右向左、逆时针方向的旋涡下降，不由咧嘴笑了笑，因为，他现在知道自己身在何处了!

★牛刀小试★

聪明的你知道杰米是如何判断自己身处何处的吗? 依据是什么?

根据水的旋涡判断出来的。水的旋涡受地球自转的影响，北半球水的旋涡是由左向右顺时针旋转，南半球则相反。因此在地处北半球的夏威夷，水流旋涡是由左向右的;而在地处南半球的新西兰，水流旋涡是由右向左的。于是，杰西断定自己目前正身处新西兰!

白努利定理案件

一天，罗伯特和朋友鲁道夫走在回家的路上，遇到了侦探亨利。亨利的身旁跟着一个中年女子。

"喂！侦探，怎么回事啊？新女朋友？"罗伯特笑着问。

"不是啦，这个女人要我帮她找她老公的一笔财产。因为她老公欠地下钱庄一大笔钱。"

"哦！"罗伯特和鲁道夫很好奇，就与亨利一起同行，亨利讲起了故事，他俩听得兴致勃勃。

不久，就到了那女人的家。那是一个坐落在一个人迹罕至的巷子里，由三座公寓所围成的小铁皮屋。正门位于房子正面的最右方，但门却朝右边向外开，紧临着墙，是最不好的开法。

那女人打开了实心的大铁门，一阵强风扑来，原来是由电风扇引起的，不幸的是，四个人几乎同时发现了吊在屋子正中央男主人的尸体。

"啊！"那女人叫出声来，"快报警啊！"侦探也喊了起来。

很快的，警察赶到了这里。几人把事情说了一遍。

突然，大家发现，尸体下是没有凳子的。于是，这便成了一件他杀事件。

"目前的问题是谁是嫌疑犯？"警察说着。

"那里有无声闭路监视录影机。"那女的说。

警察忙查看录影带，但除了那女的进出外，巷子里几乎没人经过，而且，那女的最后一次出门时，并未关门，门是她走了后，里面的人关的，这成了那女的不在场证明。不过，此后更没人经过了。

据那女的表示，那门是她老公为了通风才叫她不要关的。因此，她的嫌疑又降低了，但案情也更加扑朔迷离了。

亨利探长仔细地查看案发现场，尤其是位于屋内左后方的电风扇，却都没有可疑的连线之类的，但是亨利深信这个女的逃脱不了干系。

亨利因为烦闷于是站门口透气，就在那一瞬间，亨利突然大叫："原来如此！！"

★牛刀小试★

聪明的读者，你知道凶手是谁吗？推断的依据是什么？

中年女子。根据一种和大气压力有关的定理——白努利定理，可知当物体受风时，受风面的大气压力会变弱，因此物体便会向受风面移动，且风力越强，物体移动的力道就越大。中年女子正是利用了这个定理才让门自动关上的。

音乐家之死

瑞典首都斯德哥尔摩，是炸药发明家诺贝尔的出生地。

一天，市区内发生了一宗爆炸事件。一位外出归来的音乐家回到住所不久，室内突然发生爆炸，音乐家当场被炸死。

侦探勘查现场时发现，窗户玻璃碎片里还掺杂着一些薄薄的玻璃碎片，分析可能是乐谱架旁边的桌上装着火药的一个玻璃杯发生了爆炸。奇怪的是室内并没有火源，也找不到定时引爆装置的碎片。如果不是定时炸弹，为什么引爆得那么准确呢？真不可思议！

就在这时，侦探获得了一个线索：发生爆炸前，音乐家正在用小号练习吹奏高音曲调。

侦探从这个小小的线索中，立即识破了罪犯的手段。

★牛刀小试★

请问，你知道罪犯是如何引爆炸药的吗？

罪犯趁被害人外出家中没人时，悄悄地溜进屋里，在火药里掺上氨溶液和碘的混合物。氨溶液里加入了碘，在潮湿的状态时是安全无害的。但是只要一干燥，高音量的震动波就会产生爆炸。

130

火灾与猫

在森林深处的一所老房子里，住着独身生活的画家和他的小猫，画家每天出去作画，生活恬淡而充实。

一年夏天，画家应朋友的邀请出去旅行，就在画家外出旅行期间的一天，房子突然燃起了大火，火势很凶，眨眼之间房子内的物品几乎化为灰烬。幸亏这时下了一场大雨，树林的树木潮湿，火势未能蔓延开。

画家的房子已有三十年了，半年前投了高额的保险金，天降大火，保险公司理当照额赔偿。按照程序，保险公司的理赔经理汤姆生先生来到火灾现场，着火时画家正在旅行当中，也就排除了人为放火诈骗高额保费的可能。可是汤姆生总觉得一座建了三十年之久的旧房屋投保这么大额的保险金，实在有点费解。

于是汤姆生对现场进行了更加仔细的检查。

从着火现场发现了烧死的小猫被关闭在密封的房间里，因没有猫洞所以无法逃脱而被活活烧死。起火点是一楼六张席子大小的和式房间。可是房间里没有任何火源，也没漏电的痕迹。煤气开关紧闭，又无定时引火装置。

131

然而汤姆生先生在书架下面的地面上发现了一个破碎的鱼缸，还在烧焦的席子上发现了熟石灰，汤姆生先生眼前一亮，终于知道了火灾发生的原因。

正在这时，接到邻居电话的画家匆匆结束旅行赶到家里，汤姆生做了自我介绍，画家说："那么正好，我给我的房子投了保了，贵公司是否能尽快给我办理理赔事宜呢？"汤姆生说："先生，这恐怕不能，不仅如此，我们还需要警察来协助调查您诈取高额保险金的犯罪事实。"画家顿时脸色苍白，垂头丧气。

★牛刀小试★

那么，你知道正在旅行中的画家是用什么手段放的火吗？

画家故意把鱼缸放在书架上，里面有水和鱼，猫在家里找不到吃的，饿极了就到书架上偷鱼吃，结果把鱼缸弄到了地下，鱼缸的水流出来碰到了画家事先放在席子上的生石灰，生石灰遇水发生反应，产生高热，热量达到燃烧点后，就会引起草席着火。

鸡蛋里的针

一天，大侦探卡洛斯在一间酒吧里与朋友喝酒聊天，突然听见有一桌的酒客发生了争吵，随后有一个人站起来，说是要表演吞鸡蛋，可能纯粹是酒后打赌引起的，大家都不停地激他，他也只好硬着头皮上了，但是他不知道自己正面临着巨大的灾难。因为在这帮起哄的人中，有一个人正想借机杀他。

只见这个人打开第一只鸡蛋，仰起头"咕噜"一下猛吞，鸡蛋顺利地被整颗吞了下去，周围响起一片叫好声。因为第一次的成功，这个人信心倍增，借着酒劲又吞了两只鸡蛋，全场响起了喝彩声，卡洛斯也看得津津有味。

当这个逞英雄的人吞进第四只鸡蛋时，突然脸色一变，然后哗哗地吐血，连话也说不出来，在场的人全都惊慌失措，不知道发生了什么事情。卡洛斯见状马上叫了救护车，把这个倒霉的人送到了医院。

救护车走后，卡洛斯展开了调查，发现那个没有被吞下去的第四个鸡蛋里居然有一枚两头尖尖的钢针，这就是那人受伤的原因。卡洛斯进一步了解到，所有的鸡蛋都是由一个叫杰西的人提供的，于是卡洛斯找到了杰西，但是杰西否认把钢针弄进鸡蛋里，并且说"鸡蛋是完好的，钢针怎么可能被放进鸡蛋呢？"于是卡洛斯把他使用的手法说了出来，杰西不得不承认自己犯下的罪行！

★牛刀小试★

聪明的读者，你知道杰西是如何将针不留痕迹地放进鸡蛋里的吗？

鸡蛋壳的主要成分是碳酸钙，将鸡蛋泡在醋里，由于醋酸的作用，蛋壳会发软，待蛋壳发软后便可以轻松地将钢针扎入鸡蛋内，且鸡蛋保持完好，然后再把鸡蛋放入水中，蛋壳就会重新变硬。

6

密林深处的血迹

一天下午，在美国加州奥克兰市两名警察的协助下，探长保罗和助手苏菲娅小姐于森林公路中段截获了一辆走私微型冲锋枪的卡车。经过一场激烈的搏斗，5名黑社会成员有4名当场被擒获，而走私军火的首犯巴布肯被苏菲娅小姐的手枪击中左腿小腿肚后，逃入密林深处。

保罗探长立即命令两位地方警察押送被擒罪犯到市警署，自己带领助手苏菲娅小姐深入密林追捕首犯巴布肯。

进入密林后，两人沿着点点血迹仔细搜捕。突然，从不远处传来一声沉闷的猎枪射击声和一阵忽隐忽现的动物奔跑声。看来，这只动物已经受了伤。果然，当保罗和苏菲娅小姐持枪追赶到一块较宽敞的三岔路口时，一行血迹竟变成了两行近似交叉的血迹，之后又左右分道而去。显然，逃犯和受伤的动物不在同一条道上逃命。怎么办？哪一行是逃犯的血迹呢？

苏菲娅小姐看着分开的两条血迹，有些懊丧起来。但探长保罗却没有，他跟苏菲娅小姐说，不用垂头丧气的，我有办法！

然后保罗探长用一个很简单的方法，便鉴别出了逃犯血迹的去向，两人最终将首犯巴布肯擒获。

★牛刀小试★

请问，保罗探长用何种方法鉴别出逃犯的血迹？

由于人体血液中盐的含量远远超过动物血液中盐的含量，保罗用他敏感的舌尖分别品尝了一下两行血迹，就鉴别出来哪个是逃犯的血液，哪个是受伤的动物的血液。

尸骨上的黑斑

一天，紫藤郡的警察局局长给化学家艾克斯博士打来电话，请求他协助侦破一起无名死尸案。

这具无名尸体是在紫藤郡旁一个小湖中打捞上来的，尸体已经腐烂得面目全非了。当时正值盛夏，尸体无法长期保存，虽然还没有案件侦破，警察局局长也只能把尸体送到火葬场焚化了，仅仅留下了几幅照片和简单的验尸记录。随同尸体打捞出来的其他一些物品表明，死者应该是本省人，从尸骨的尺寸和耻骨的尺寸可以判断死者为男性。

艾克斯博士经过仔细地观察这些少得可怜的资料，在一张照片上发现这具男尸的骨头上有一些很明显的黑色斑块。这不由得引得博士一阵沉思。

不一会儿他抬起头来问警察局局长："局长先生，本郡附近有没有炼铅厂之类的冶炼工厂？"

在得到肯定的回答后，艾克斯博士果断地说："局长先生，您尽管派人去炼铅厂所在的地区去调查好了。死者生前很可能经常待在那儿。"

警察局局长按照艾克斯博士提供的线索，果然在坐落于紫藤郡西边的炼铅厂查到了无名尸的姓名、身份，并以此为线索顺藤摸瓜迅速破了案。

受到上级嘉奖的警察局局长十分纳闷博士是如何得知被害人生前在炼铅厂待过，博士笑笑回答说："这就要感谢神奇的化学了。"

★牛刀小试★

你知道艾克斯博士的判断依据是什么吗？为什么？

依据是骨头上面的黑斑。死者骨头上的黑斑通常是由硫化铅造成的，证明死者生前曾接触过大量含铅的物质。侵入体内的铅会形成难溶的磷酸铅沉积于骨骼中，无名尸体被浸泡在湖底，湖底的泥与腐败后的尸体产生了硫化氢气体，硫化氢与骨骼中的沉积铅发生化学反应，生成硫化铅，从而形成黑色骨斑。艾克斯博士便是据此推断出来的。

伪造现场

菲律宾姑娘伊芙琳在一个有着高贵奥地利血统的白人家里当佣

人。主妇是个爱唠叨的女主人。因为工钱不菲，伊芙琳只好忍气吞声地在她家干活。一个酷热的傍晚，伊芙琳干完了活儿正准备回自己家时，女主人叫住她，随后没完没了地唠叨起来。伊芙琳一气之下就顶撞了女主人。于是，女主人便暴跳如雷，大声骂道："你一个穷鬼，竟敢顶撞我……"话没说完，由于过分激动，女主人突然心脏病发作，当场就一命呜呼了。

惊慌失措的伊芙琳，本想马上叫急救车，可又立刻打消了这个念头。她想刚才曾受到女主人的斥责，担心如果让警察知道了此事，肯定会怀疑是她杀害了女主人。所以，她急中生智，把女主人的尸体拖进厨房，把厨房的窗户关好，再打开大型电冰箱的门。这样，电冰箱内的冷气就可以降低厨房室内的温度，尸体也很快会被冷却，待第二天伊芙琳从土著人居住区来上班时，再把电冰箱的门关上，把窗户打开，让厨房恢复常温。然后，她就可以装作刚刚发现尸体的样子去报告警察了。何况，女主人与附近的邻居没什么交往，一个晚上一直冷却尸体，尸体的变化状态就会与常温下的变化状态不同，势必会给推定死亡时间造成一定的难度，这样，警察怀疑自己的可能性就会大大减少。伊芙琳心里怀着不安与侥幸匆匆忙忙离开了主人的住所。

第二天，按照自己的既定方案，伊芙琳报了警，警车呼啸而至。然而，事情并不像伊芙琳预想的那样，没过多久，随行的法医便得出了被害人的死亡时间，正是女主人心脏病发作死亡的时间，伊芙琳惊慌地瘫坐在地上。

★**牛刀小试**★

你知道伊芙琳为什么伪造现场没有成功吗？

因为冰箱跟空调一样，在制冷的同时会散热，不同的是空调将热量排出室外，而冰箱散出的热量还会留在房间内，房间的温度便不会因为冰箱开着门而降低。所以，她伪造现场的计划没有成功。

9

三种血型

一个大雨滂沱的夜晚，鲁道夫独自驾车从莱克里镇返回纽约。四处漆黑一片，眼看已经晚上9点，离纽约还有一百多英里，鲁道夫的心情糟糕透了，刚想腾出手来抽一根烟，前方刺目的灯光下忽然出现了一个农夫打扮的中年男人！

鲁道夫拼命踩下刹车，同时往左边猛打方向盘，刹车时死死咬住车轮，响起刺耳的刮擦声，可大雨和惯性却让失去了动力的汽车继续飞速前进，接着一声沉闷的响声，汽车又朝前滑了近百米才停下来。

鲁道夫慌忙下车，只见那个男人已经被撞得血肉模糊，呼吸、心跳都没有了。鲁道夫顿时吓得手脚冰凉，连滚带爬地回到汽车上，开到最大马力，慌不择路地开始逃窜。

刚开始，他还沿着公路飞奔，后来，在一个转弯处由于车速过快冲出公路，车子开到了路边的牧场里。鲁道夫好像发了疯一样狂奔，眼前只有农夫惨白的脸，他完全不辨方向，车子将牧场里的草碾得七零八落也完全不管，直到汽油耗尽，鲁道夫才停下来。

天亮后，他发现远处飞来了警方的直升机。原来，警方发现农夫被撞死后，根据汽车留下的痕迹，很快就找到了鲁道夫。警方还在他的汽车轮胎上竟然找到了A、B、O三种血型，而死去的农夫是B型血，也就是说，鲁道夫很可能还撞死了另外两个人！警方准备起诉他三项过失杀人罪。

听到这个消息，鲁道夫惊呆了，昨晚的经历几乎让他精神崩溃，但还是清楚地记得只撞了一个人。这究竟是怎么回事呢？

★牛刀小试★

你知道鲁道夫在慌乱的状态下是连续撞了三个人，还是只撞了一个人？如果他只撞到一个人的话，为什么轮胎上会有三种血型呢？

其实鲁道夫只撞了农夫一个人，轮胎上的三种血型，有两种是牧场上的植物留下的。因为植物浆液中也能化验出类似于人类血型的物质。这就是轮胎上出现了多种血型的奥秘。

大棚起火案

植物学家亚伯博士，在自家院子里盖起塑料大棚栽培稀有花草。

可在一个晴朗的中午，大棚发生一场火灾，把所有的花草都付之一炬。经调查发现是大棚中的枯草沾了火引燃的。

然而奇怪的是，塑料大棚里没有一点儿火源，也没有放火的迹象。昨晚还刚刚下了一场雨，大棚外面的地面还是湿漉漉的，如果有人来此纵火，按理说会留下足迹的。可周围没发现任何足迹。

亚伯博士找不出起火原因，便请安德烈侦探出马查个究竟。

安德烈侦探立即赶来，详细勘查了现场。

"博士，昨晚的雨量有多大？"

"我院子里雨量表上显示的是35毫米，可是今天从一大早起就晴空万里没有一丝云彩呀。"

"阳光直射塑料大棚，里面会产生多高的温度？"

"春季是$17^0C \sim 18^0C$，可这个温度是不会自燃起火的。"亚伯博士回答说。

"没有取暖设施吗？"

"是的，没有。"

"棚顶也是用透明塑料粘的吧。"

"是的。"

"果然如此。那么，起火原因也就清楚了。"安德烈侦探马上找到了起火的原因。

★牛刀小试★

你能猜出到底是怎么起的火吗？

塑料大棚的棚顶有坑洼处。因昨晚下雨洼中积水，而积水正好形成凸透镜状，第二天又是大晴天，太阳光折射聚焦，焦点正好照在塑料大棚里面一堆干草上，焦点的热量造成干草起火，引发了火灾。

谁偷了黑钻石

富翁戴瑞出国旅游为妻子买了一颗黑钻石，回国途中他顺便出席了一位朋友的生日宴会。宴会结束，留下来三个客人陪戴瑞喝茶聊天。戴瑞为了炫耀自己的富有，把黑钻石拿了出来，得意扬扬地对大家说："你们知道这是什么吗？黑钻石！这在世界上十分稀有，只有总统夫人或者商贾巨子才能买得起。在全世界，不要说拥有，恐怕见过的人都不多哩！"

黑钻石光彩夺目，甚是华美。它在大家的手里传过来传过去……众人赞不绝口。随后，戴瑞将黑钻石放回珍宝箱，可这时原来的封条怎么也贴不上去了，主人拿来一瓶糨糊，戴瑞用糨糊将封条封好，再把珍宝箱放回了原处。

戴瑞回到客厅与客人们继续聊天。突然，一位客人的右手拇指被一只不知名的毒虫咬了一口，迅速肿了起来。主人马上拿来碘酒，涂在他的右手拇指上。慌乱中，打碎了一只茶杯，另一位客人捡玻璃碎片时，食指又被划破了。主人用纱布将他的食指包扎好。说来这天该要出事。不久主人拿来苹果，第三位客人自告奋勇削苹果时，却把左手拇指也划开了，鲜血直流。主人要为他包扎，他说："我包里有一包一位中国朋友送的云南白药，涂一点就能止住血。"说罢，他在左手拇指上涂上了云南白药。

生日宴会如此扫兴，大家正想托故离开时，罗曼德警长来了，他也是慕名黑钻石的珍贵而来的。大家寒暄一番之后，三位客人先后离座，到卫生间"方便"去了。罗曼德、主人、戴瑞三人继续聊天，罗曼德问能否看下黑钻石，戴瑞便将珍宝箱取来，撕开湿漉漉的封条，打开箱子一看，里面的黑钻石居然不见了。

罗曼德立即展开调查，经过一番了解之后，他断定作案人就是三个客人中的一个。于是他把三个客人找到跟前，向他们宣布了案情，然后说："把你们的手伸出来。"三个人齐刷刷地伸出了双手。民警发现：被虫咬的客人，右拇指呈蓝黑色；被玻璃划伤食指的客人，包扎的纱布被水浸湿了；被刀削破左拇指的客人，拇指上还在流血。

警长经过一番思考之后，很快认定了犯罪嫌疑人，并从他的身上搜出了黑钻石。

★牛刀小试★

你知道偷黑钻石的人是谁吗？理由是什么？

偷钻石的应该是被虫子咬到的人。碘酒会和糨糊中的淀粉起化学反应呈蓝黑色，涂碘酒的先偷了宝石，包纱布的和涂云南白药的去偷时已经没了，但是手都沾上了蓝黑色，所以都洗手了，包纱布的纱布湿了，涂云南白药的把白药洗掉了，以致伤口还在流血。

12

谁偷走了税金

冬天的一个早上，罗曼德派助手约翰去找一位镇长，转达他希望能有个正式拜会的要求。到中午约翰还没有回来，却来了一个警察，通知罗曼德说："你的助手因有盗窃的嫌疑，已经被逮捕了。"

罗曼德赶到镇长办公室，镇长向他讲述了事情的经过："约翰来这里的时候，我正在处理这个月的交来的税金，有8 000美金现金，全都是百元的现钞。于是我叫秘书让他去左边房间等一等。后来，我将税金放在这张桌子的抽屉里，锁上之后就离开了。由于我的疏忽，抽屉上的钥匙被遗忘在桌子上。过了两三分钟，我回来了，把放在桌子抽屉里的税金数了一遍，却少了10张。在这段时间里，约翰就在左边房间里等着，桌子上又有我忘带的抽屉钥匙，不是他偷的还有谁呢？因此，我就命令秘书把他抓了起来。"

罗曼德查看了之后说："镇长先生，你应该知道，左边的门是上了锁的，约翰是无论如何也进不来的。"

"他一定是先走到走廊，再从正中的那扇门进来的。"镇长说。

"你刚才不是说只离开两三分钟吗？约翰在隔壁根本不可能看到你把金币放在抽屉里，也不会知道你把抽屉钥匙忘在桌子上。你离开的时间又那么短，他怎么可能偷走金币呢？"罗曼德反驳他。

"他准是透过毛玻璃看到了一切。"

罗曼德没有说话，而是向房间左边的门走去，他将脸贴近毛玻璃往左边房间仔细地看去，只隐隐约约地看见一些靠近门的东西，稍远一点就看不清了。他又走到右边房门前查看，用手指摸摸门上的毛玻璃，发现这两块毛玻璃的质地完全一样，一面光滑，一面不光滑，只是左边房门上毛玻璃不光滑的那一面在长官室这一边，而右边房门上毛玻璃的光滑面在长官室这一边，右边房间是秘书室。

罗曼德转过身来，指着门上的毛玻璃对地方长官说道："你过来看一看，从这块毛玻璃上约翰不可能看到你所做的一切。应当受到怀疑的，是你的秘书。"长官叫来秘书质问，秘书经不住审讯，果然承认了金币是他偷的。

★牛刀小试★

聪明的读者，你知道罗曼德凭什么推断秘书是真正的窃贼吗？

根据毛玻璃的特性，毛玻璃不光滑的一面只要加点水或唾沫，使玻璃上面的细微的凹凸成水平，就变得透明了，而在平滑的一面是不可以的。秘书房间的玻璃正是不光滑的一面，而在左边房间毛玻璃的一面是光滑的，因此，约翰是不可能看到长官在房中做什么，而秘书则可以。

都是指纹惹的祸

躺在远离华盛顿的一家五星级宾馆的大床上，菲利普深深地舒了一口气，心里暗暗得意："就让那些笨警察尽情地找我去吧！除了那一处致命的指纹以外，我什么线索都没有留下。即使这样，他们从今往后再也别想见到长有那枚指纹的手了，哈哈。"

原来，菲利普就是前几天震惊世界的"华盛顿国宝盗窃案"作案团伙的成员之一。他们合伙窃取了收藏在华盛顿国家博物馆中价值连城的宝物。然而菲利普为了独吞赃物，干掉了其他同伙，独自挟着珍宝来到国外，想等风声过了再将宝物转手，然后他就准备享受自己的后半辈子，再也不做充满惊险的盗窃生意了。

本来计划得很完美，可是作案时，菲利普不小心把一处指纹留在了现场。警方勘查现场的时候找到了这个线索，于是通过国际刑警组织，在世界各国寻找与现场指纹吻合的人。

走投无路的菲利普灵机一动，想出了给指纹整容的这一招儿。于是他出高价在黑市上找到一位医生，从自己的小腿上割下一些皮肤，移植到了自己剥掉指纹的五个手指上。

看着自己刚刚做过手术的手指，躺在床上的菲利普满意地闭上了眼睛，梦想着即将实现的荣华富贵，嘴角不禁露出了一丝坏笑。

可是就当菲利普就要取得永久居住该国护照的时候，国际刑警找上门来了。菲利普看到警察出示的逮捕证，还心存侥幸，强辩道："警察先生，你一定是弄错了，我只是长得跟那人比较像而已，不信您可以验我的指纹啊。"

但当警察给他提供了确切的证据时，菲利普顿时瘫软了下去。他怎么也不明白，自己的计划是如此完美，行动那样谨慎，还受了那么大的罪给自己的指纹整了容，为什么最后还是被警察找到了。

★牛刀小试★

聪明的读者，你知道警察是如何找到菲利普的吗？

做手术虽然可以去掉位于指端表皮层之后的指纹，但其真皮层中的乳突纹线依然存在，当皮肤再生的时候，指纹也会重新浮现出原有的模样，同样可以用于与原有的指纹样本比对而确定其身份。所以，通过给手指动手术的方式来改变指纹并不可靠。菲利普正是由于不懂得这一点，才让自己在不知不觉中"现出了原形"。

财务室起火案

一个秋天的深夜，一家贸易公司的财务室突然起火。虽然经值班会计和随后赶来的保安人员奋力扑救，火终于被扑灭了，但是仍有部分账册被大火烧毁了。

闻讯赶来的警察对现场进行了仔细的调查，然后向浑身湿透的值班会计询问案情。这个可怜的人说道："前几天，我就发现室内的电线时常爆出火花。今天，我将全部账册翻了出来，堆在外面，准备另换一个安全地方，孰料电线走电失火，引燃账册，酿成了火灾。幸亏我及时放水扑灭，才未酿成大祸。"

"你能肯定是因为走电失火的吗？"警官追问。

"是的，我能肯定。我们这里没有抽烟的，又没有能引起火灾的其他物品和电器。对了，我刚进来救火时，还闻到了电线被烧后发出的煳味。"

"够了！"警官呵斥道，"你是因为担心自己的贪污问题暴露而故意纵火的吧？！还不快老实交代你的罪行！"

★牛刀小试★

亲爱的读者，你知道为什么警察说值班会计是故意纵火吗？

走电失火只能用喷射的四氯化碳或者二氧化碳灭火器灭火，千万不能用水去浇。水是导电的不仅会伤到人，还可能引发第二次更加严重的火灾，这是常识。会计说自己是用水把火扑灭的，又肯定地说火灾系走电引起的，说得这么绝对，显然是为了掩盖自己的罪行，自然被警察看出了破绽。

亡命鸳鸯

夏日的一个夜晚，修水工麦克开着自己的"甲壳虫"与女友卡丽莎外出后一夜未归。直到第二天早上，人们才在郊外发现了他的汽车，他和女友相互依偎着坐在后排座位上，已经死亡了。

接到报案，伯尼探长立刻率人前来勘查现场。"甲壳虫"停在离公路不远的一块地势较低的草地上，发动机还在运转，车上的空调也开着，门窗紧闭。"甲壳虫"的车身和门窗都完好无损，车内外也没有搏斗的迹象，两人衣衫整齐，面容安详。

因此可以断定，两人之死非外来袭击所致。那么到底谁是凶手？凶手又是用什么方法把两人杀死的呢？

伯尼苦苦思索，却始终找不到。正当愁眉不展之际，法医的尸检报告送来了。

"原来如此。"伯尼探长深深地舒了一口气。

★牛刀小试★

聪明的读者，你知道伯尼探长猜出的凶手是谁吗？为什么？

麦克和卡丽莎。因为，汽油燃烧后的产物是有毒的一氧化碳气体，麦克和女友卡丽莎在发动机运转并开着空调的情况下，紧闭了门窗，发动机排出的一氧化碳在车内越积越多，死神也就悄悄来到他们身边了。

16 毒蜂杀人案

星期天的下午，警方接到报案，一位企业家死在院子里一棵大树下的椅子上，地上丢着两个空啤酒罐和一些报纸。

警长伯德立即赶到现场。报案的是这里的管家，他指着尸体对警长说："主人是在凉爽的树荫下一边喝着啤酒，一边看报纸，不巧被毒蜂蜇了。看这儿，他胸部还有被毒蜂蜇过的痕迹哩。"

经调查，这种毒蜂是非洲的一种蜜蜂，它的产蜜量是普通蜜蜂的4倍，但它的毒性很大，一旦被这种蜜蜂蜇了，再强壮的汉子也会受不了，所以人们称它为杀人蜂。

"就算是被毒蜂蜇了，从他没来得及逃进屋里的状况看，大概是喝了啤酒醉醺醺地昏睡过去了。这附近有毒蜂窝吗？"当警长伯德对周围一带调查了一番之后，发现邻居的一家空房的院子里有一棵大洋槐树，树上有个很大的毒蜂窝，挂在树叶遮掩的树枝上。

当时已经是夕阳西下的时候，毒蜂都钻进了蜂窝里。警长伯德轻手轻脚地走到眼前一看，发现在另一个树枝上挂着一架微型录音机。

"这种地方，谁会把录音机丢在这儿？"警长伯德取下录音机，把磁带倒回后一放，是盘音乐带。警长伯德听了一会儿，突然想到什么，马上断定说："这个人不是在院子午睡时偶然被毒蜂蜇死的，这是有人巧妙地利用毒蜂作的案。"

说完，他又把录音机依旧放回原处，并隐藏在院子里的树丛中耐心地监视着。夜里9点多钟，闪出一个身影，接近洋槐树，试图取下录音机。

"喂！不许动，你因杀人嫌疑被逮捕了。"警长伯德迅速跳出来追上欲逃跑的罪犯并将其抓获。这个罪犯是在被害人手下工作的当地人，因贪污贷款行为败露而作案杀人。

★牛刀小试★

聪明的读者，你知道警长伯德为什么听了会儿音乐，便判断出这是有人故意作案的呢？

警长伯德听到的音乐声中，有一段音乐对群蜂有刺激作用，使得它们野性大发。这种毒蜂对音乐十分敏感，听到轻松舒缓的音乐会表现的温顺老实，但听到刺激的音乐时就会野性大发。

17

猎人的仇杀

在朗格拉姆山的密林深处，有一座低矮的小屋子，为进入密林的猎人们提供临时的宿处。这年冬天，两位年轻猎人不约而同地来到这里，一个叫瑞卡，一个叫大卫。方圆几十公里都只这一个住处，所以就一起在小屋住下。他们虽然住在一起，但从来不一起出去狩猎。

这一天，天气十分寒冷，大卫因为在前几天捕猎丰厚，所以这一天就没有再进山狩猎，而是在小屋生起了炭炉取暖。瑞卡则冒着严寒，在林子里转了好几天，结果终于打到一只豹子。

他得意扬扬地拖着死豹子回小屋，想好好地向大卫炫耀一番。谁知道他刚推开房门，便"哇哇"乱叫着逃了出来。原来，大卫趴在地上，早已死去，身体都变得冰凉了。

惊慌的瑞卡连忙报了警。

警察迅速赶到现场，发觉大卫的死因非常蹊跷，因为大卫的体格十分健壮，但他的尸体却有发黑现象，好像中了毒。

经过进一步调查，警察了解到，在这座小屋的周围方圆几十公里内几乎没有其他居民，而瑞卡和大卫两个人的性格都十分倔强，谁都不服谁，还经常为了谁先捕捉到猎物而发生争执。

★牛刀小试★

聪明的读者，瑞卡是杀害大卫的凶手吗？为什么？

不是。因大卫在屋子里长时间地烧炭取暖，碳燃烧不充分，产生了大量的一氧化碳，一氧化碳气体无色无味，易与血红蛋白结合，形成碳氧血红蛋白，对全身的组织细胞均有毒性作用，尤其对大脑皮质的影响最为严重，当人们意识到已发生一氧化碳中毒时，往往为时已晚，无法进行有效的自救。

第六讲

哈佛教你——条分缕析成就推理高手

1

真假青铜鼎

奥克兰市博物馆发生了一起珍贵文物盗窃案：一尊铸于中国战国时代的青铜鼎被窃。盗窃者相当狡猾，在现场没有留下任何痕迹，文物不翼而飞，这给破案增加了难度。这件重任落到探长尼克森的肩上。

尼克森是有名的老探长，侦破过许多无头疑案。他接到任务后想："罪犯盗得文物后一定会迅速销赃，说不定会到人流多且外来人口多的风景区搞交易。"

第二天一早，尼克森带着助手麦克来到风景游览区。他们一边佯装观赏风景，一边密切观察四周动静。尼克森和麦克逛了半天，并没有发现任何异样的动静。麦克有点泄气，问尼克森："盗窃犯脸上一没刺字，二不挂牌，在这来回如梭的人群中寻找罪犯，岂不是大海捞针？"

尼克森不说话，只拉着麦克往僻静处走去，凭借多年的断案经验判断，罪犯为避人耳目还可能到人迹罕至的地方成交生意。

突然他俩眼睛一亮，同时发现了目标：一个年轻人叼着烟卷，扛着一只青铜鼎走了过来。这青铜鼎与博物馆被窃的那件一模一样。尼克森不露声色地走上前去，麦克也紧紧跟上。尼克森走近年轻人身前，掏出一支烟说："请借个火。"年轻人有些不情愿地将燃着的半截香烟递给尼克森。

尼克森一边点香烟，一边暗暗地审视着青铜鼎，然后又将烟还给年轻人，然后道了声谢走开了。麦克看得真切，见青铜鼎确实像博物馆丢失的那尊，想要认真盘问一下，却被尼克森用一个暗示性的手势给制止了。

尼克森拉着麦克转身走开。麦克不解地问："尼克森，你怎么能放他走呢？"

尼克森笑道："那是假的，你看那个青铜炉刻的是什么字？"

麦克回答道："'公元前432年奉齐侯敕造'，用篆体写的呀！"

"问题就出在这里。"

听完尼克森的分析，麦克恍然大悟，拍着脑袋说："是啊，我怎么就没有想到呀!"

后来，他们想尽办法，终于抓住了真的罪犯。

★牛刀小试★

聪明的读者，你知道尼克森为什么说这只青铜鼎是假的吗？

因为"公元"是根据基督教纪年法制定的，不可能出现在中国战国时的文物上面，所以尼克森说这是假的。

婴儿的眼泪

在美国的一个贫民区，是人贩子的聚集地，经常有犯罪集团将此处的婴儿用低廉的价格买走送到其他国家去牟取暴利。

一次警察收到匿名举报，说是有个代号为"圣母"的拐卖婴儿的犯罪团伙，近日准备将一批婴儿移往亚特兰大某偏僻郊区去兑换现钞。

犯罪团伙乘火车出发，一辆开往亚特兰大的特快列车即将发车，一位俏丽少妇，怀抱着大声啼哭的婴儿，正随着缓缓流动的人群走近检票口。

"这孩子怎么啦？不舒服吗？"化装成车站服务员的女警察"关切"地问。俏丽少妇幽怨地一瞥，叹道："唉，这孩子刚满月，我们夫妻俩忙得没时间照顾她，结果我家宝贝受了凉，得了感冒，真是心疼死了。"少妇边说边温柔地给孩子擦眼睛里直淌的眼泪。女警察上前摸了摸女婴的头，果然很烫，继续问道："夫人，你家宝宝多大了？"

"到今天才一个月零三天，唉！"俏丽少妇又是一叹，又不停地给孩子揩泪珠。"真的？"警察的眼里射出棱光，"很遗憾，夫人！我是警察，你被捕了！"

在审讯室，换上警服的女警面对又哭又闹死不认账的俏丽少妇，说出了拘捕她的原因。少妇顿时面容失色，不得不承认了自己的犯罪事实。

★牛刀小试★

聪明的读者，你能猜出来警察由什么断定少妇是人贩子吗？

婴儿的泪腺在出生后的三个月后才能发育完善，一个月左右的时候即使能分泌眼泪也只是很小的几滴，而这婴儿才刚满月竟不断地流出眼泪，显然不是少妇说的才一个月零三天，由此断定这女人撒谎了，说明她肯定与被举报的拐卖犯罪团伙有关。

谁弄乱了屋子

因受异常寒流的袭击，气温骤然下降，早晚异常寒冷，甚至到了零摄氏度以下。

晌午过后，有人给威尔打来一个电话："威尔探长，不得了了！您赶快来我家来一趟吧！有贼溜进我家了。这两天我外出旅行写生，刚才回到家一看，屋里被翻得乱七八糟的。"

慌里慌张打来电话的是画家布兰妮，从大学时代起他们就一直是好友，她遭了难，当然不能拒绝，所以，威尔侦探马上开车赶去。

她的房子坐落在环湖半周的杂木林中。这是一座砖瓦结构的古式别墅，从去年秋天起，她就钻到这里画湖边的四季风景。

威尔侦探到达时，她正焦急地等在门口。

"这里，留有罪犯的脚印。"她边说边将威尔侦探领到东侧的院子里。

这是已经傍晚了，院子被别墅的阴影遮住，地面很潮湿，因此罪犯的脚印清晰可见。这是一个鞋底为锯齿花纹的高腰胶鞋的脚印。罪犯就是由此进来，打碎厨房的玻璃门，溜进室内的。

"向警察报案了吗？"

"不，还没有。因为没有什么值钱的东西被盗，所以……"

"照理还是应向警察先报告一声。"威尔侦探用画室里的电话向警方报了案，因为还有事儿，就把以后的搜查全委托给当地警察去办了。

当天晚上，警察局打来电话，告诉威尔侦探，已找到了两名嫌疑犯。

据警察说，一个叫亚瑟，昨天夜里11点钟，巡逻警察曾见他在现场附近徘徊；另一个叫波比，今天上午11点30分前后，同样是在现场附近，附近别墅的管理员发现此人形迹可疑。

"这两个人被人看见时，都穿着高腰胶鞋吗？"威尔侦探问署长。

"不，具体的我还没有核实，但搜查过他们的住宅，并没有发现胶鞋。大概是怕被当作证据处理掉了。"

"那么，亚瑟从今晨天不亮到中午过后这段时间，有不在现场的证明吗？"

"亚瑟，从深夜1点到中午过后这段时间确实有不在现场的证明。他在朋友家里打了一通宵的麻将，早晨8点左右同朋友一块儿上的班。"

"果真如此……"

"可是，威尔先生，在这以前，有人看见他在现场附近出现过，所以他的不在现场的证明并没有多少意义。"

"可这两个人之中，哪个是真正的罪犯，就凭这些证据就足够了。昨天夜里是晴天，天气不是更冷吗，那么罪犯是……"威尔侦探果断说出了罪犯的名字。

★牛刀小试★

请问，你知道威尔侦探指出的罪犯是亚瑟还是波比呢？为什么？

波比。因为天气很冷，如果罪犯是昨天夜里潜入室内作案的话，鞋印肯定会因霜柱而走样变得不清楚。与此相反，鞋印非常清楚，清楚得连花纹都清晰可见，这说明是天亮之后作的案。这样，真正的罪犯便是今天上午11点半左右在现场徘徊的波比。

4

巧克力和强盗

夏日的一天，小侦探安德鲁跟小伙伴在河边钓鱼。傍晚时分莱特局长下班开车回家，特地开车绕到河边将小侦探带回家。

热了一整天的安德鲁钻进有空调装置的汽车，顿觉得凉爽宜人。就在这时，警察局打来电话，告诉莱特局长说刚才市中心银行被抢，匪徒乘着蓝色的汽车，沿着高速公路朝北跑了。

而莱特局长现在的位置离歹徒逃跑路线很近，于是他立即将车开上高速公路，并通过报话机向部属发布命令，要他们四处堵截可疑的蓝色车辆。

莱特局长来到一个岔道口，正犹豫走哪条路才好的时候，正巧有个在等着搭顺风车的青年来问是否可以搭车。局长为了问路就让他坐了上来。

"你在这里站了多少时间？"

"足有一个多小时，这么高的气温，可把我热坏了！"

"你看见一辆蓝色汽车吗？"

"看见了，我看到那个车朝东开去了。"

于是莱特局长忙驱车向东开去，那搭车的青年从背包里拿出一只橘子和一块巧克力，问坐在前排的安德鲁："想吃吗？"

安德鲁向旁边驾驶座上的局长问道："爸爸，我可以吃陌生人的东西吗？"

局长说："今天看来吃不成晚饭了，你就吃一点充充饥吧。"于是安德鲁接了过来。安德鲁先吃巧克力，只见他用力一掰，巧克力发出"咔嚓"清脆的响声，他将半块丢进嘴里，像在品味巧克力的美味，而实际上他脑子在飞快思索着。安德鲁边嚼巧克力边拿出笔来，在巧克力的包装纸上写下一行字，又包起剩下的半块巧克递给旁边的莱特局长："爸爸，你也吃点巧克力吧！"

局长接过巧克力，看到包装纸上写着："这个人在撒谎！"

莱特局长立刻停车，把青年喊出来质问道："你是强盗的同伙吧，站在交叉路口想故意把我们引入歧途，对不对？"

那青年立马脸色煞白，不知道自己哪里露出了破绽，只得承认犯罪事实，重新指引那蓝色汽车逃跑的方向。

★牛刀小试★

聪明的读者，你知道小侦探安德鲁是怎么知道青年撒谎的吗？

巧克力遇热会变软，何况那位青年说他在大热天里站了一个多小时呢，巧克力不应该在掰开时能听到清脆的响声；显然那青年撒了谎。

自杀的老人

初秋的某个早上，汉克探长一边看着刚刚送来的早报，一边喝着咖啡，突然电话铃声响起，是警察局打来的电话，说是在约克镇郊外的教堂前发现了一具尸体，请探长过来查看。

10分钟后，汉克探长到达了事发地点，发现尸体就在教堂钟塔的下面，靠近墙边大约30厘米的地面上。汉克观察这个教堂高约15米，在10米高的地方，有一处窗口被打开。

法医汇报说，死者是由高处坠下而致命的。汉克又检查了死者的尸体，死者是一名老人，衣衫褴褛，看起来非常贫穷。旁边的警员说道："看来是这位老人家可能是由于无法忍受生活的贫穷与痛苦，才想不开从塔上跳下来的，应该只是一起普通的自杀案件。"

然而汉克探长若有所思，又仔细看了下周围的环境，再次查看死者的尸体，说道："不会那么简单，这绝不是一起自杀案件，死者是被人杀死后搬到这里来的！"

★牛刀小试★

聪明的读者，你能猜出汉克为什么说老人是他杀而不是自杀呢？

人从高处往下跳，如果是自己跳的话会向外跳，会有水平位移，而且即使是自己不慎跌落，地球有向心力，与竖直的楼会有一个角度。探长据此推断出，即使跌落下来，与塔底的距离也不止30厘米。

6

决定性的证据

一天深夜，弗兰克正在办公室里喝着威士忌，突然，一名刺客闯了进来。

"弗兰克，对不起，你的末日到了！"说着将枪口对准了弗兰克。弗兰克却端着酒杯，神情镇定自若地说道："别紧张嘛！谁派你来的？"

"一个被你追踪得感到厌烦的人。"

"佣金不多吧？我出三倍的价钱，怎么样？"

　　刺客一听，好像有点儿动心。弗兰克倒了一杯威士忌，端到刺客面前，带有几分讥讽地继续说道："怎么样，不喝一杯？是不是担心喝下去你的手就拿不稳枪啦？"

　　刺客不敢掉以轻心，右手举着枪对准弗兰克，伸出左手接过酒杯，一扬脖儿喝了下去，接着便急切地问道："你真有钱吗？"

　　"那个保险柜里有的是。"弗兰克指着桌子后面的保险柜说道。

　　为了使对手放心，弗兰克一只手端着酒杯，另一只手去开保险柜，从里边拿出一个鼓鼓囊囊的信封放在桌子上。

　　就在刺客把手伸向信封的那一瞬间，弗兰克迅速地把刺客用过的酒杯和保险柜的钥匙都放进了保险柜，关上柜门并拨乱了数字盘。这样，保险柜便打不开了。

　　"啊，你干什么？"刺客见状，立刻把枪口对准了弗兰克。弗兰克微微一笑："那个信封里全是些旧收据。"

　　"你，你说什么？"

　　"好吧，你开枪吧，你倒是开枪啊！即使你杀死我逃走，你也一定会立即被捕的，因为你留下了决定性的证据。"

　　"什么？我留下了证据？"刺客问道。突然，他又想起了什么，"唉，我上了你的当了！"刺客懊丧地咂咂嘴，垂头丧气地溜走了。

★牛刀小试★

　　请问，弗兰克所说的"决定性证据"是什么？为什么？

刺客用过的玻璃杯。因为刺客用过的玻璃杯上面留有指纹和唾液。而弗兰克把钥匙和玻璃杯一起放进去，保险柜就怎么也开不了。

坠毁的汽车

秘密谍报人员杰克开着摩托车在上坡的急转弯处停下，他看了看手表，正好是夜里 1 点钟。再过 5 分钟，司令部联络官去华沙基地的汽车将从这里通过。为了盗取这一秘密文件，杰克在半月前潜入该国。这条公路是通往位于山上的 K 基地的专用道路，所以夜间很少有车辆通过。

不一会儿，夜雾弥漫的前方黑暗处有灯光出现，正向此靠近。就在车开近距离只有十五六米时，杰克打开车灯，突然迎上去，挡住对方的去路。对方措手不及，急忙转动方向盘急刹车，但没刹住，车撞破防护栏，翻下二十多米深的山谷中。原想汽车受到这一冲击会引燃汽油着火的，但车子翻了二三次，撞到了岩石上停了下来。

杰克将摩托车藏在道旁的草丛中，然后拿起事先准备好的装汽油的容器下到山谷。联络官扑在方向盘上已经死了。一个黑色的革制皮包从打碎了的车窗中掉出来。杰克从联络官的身上找到钥匙，打开皮包，用高感度红外线照相机将导弹配置计划的机密文件拍了下来，然后按原样将文件放回包中扔到车里，再将容器中的汽油浇到车子上，用打火机点燃。火一下子烧了起来，瞬间车子就被熊熊烈火包围了。

杰克拿着空汽油容器回到公路上，迅速骑上摩托车离去。

翌日，杰克在电视新闻中看到那辆车被完全烧毁，尸体和皮包也都被烧成灰烬便放心了。人们一定是认为司机在驾车时打盹儿翻到山谷里，而引燃汽油烧毁的。杰克将拍下的机密文件的胶卷送往本国情报部后，立即收到本部的紧密命令。命令的内容是敌方已对那起事故起疑心，开始秘密调查，速归国。

杰克反省了那天深夜的行动，确信从头到尾都没有出现疏漏和失误，就连阻挡汽车前行时的摩托车轮胎印也都擦得一干二净，而且行动时又无其他车辆通过现场，自然不会有目击者。那么他到底留下了什么证据使得对方怀疑了呢？

★牛刀小试★

聪明的读者，你能推测出杰克的失误是什么吗？为什么？

杰克的失误就是，自己带汽油把车给烧毁了。汽车坠入山谷没有燃烧起来，因为油箱中的油几乎没有了，油料表的指针指向了接近0的位置，对方调查得知这一情况后，必然知道车坠毁是不可能引起燃烧的，所以起了疑心。

骑自行车的凶手

卫斯理探长每天清晨都会骑车到山脚下，然后顺着山路跑步。这是一个雨后的清晨，卫斯理探长像往常一样，骑着自行车，来到山脚下准备跑步……突然，他发现了路边有一个警察，腹部插着一把刀，满身是血，躺在那儿奄奄一息。

卫斯理探长慌忙取下脖子上的围巾，为警察止血。

危在旦夕的警察，用微弱的声音说："刚才……我看见……有个人行……行踪很……可疑，上前质问……没想到……他竟然要……杀我……然后，骑着自行车……跑……了……"

警察说完，用手指指凶手逃跑的方向，不一会儿就死了。

卫斯理探长赶忙骑上自行车，顺着凶手逃跑的方向追踪。

卫斯理探长来到一个双岔路口，这两条路，都是缓缓的斜坡，而且在距离交叉点40米外的地方均在施工，所以路面都是沙石和泥土。

探长先看了一下右侧的岔路，在沙石路面上，有明显的自行车轮胎的痕迹。

"凶手似乎是顺着这条路逃走的。"

为了谨慎起见，他也察看了左边的岔道的路面，在那儿也有车轮的痕迹。

"唔！他究竟是朝着哪个方向逃走的呢？眼前的两条路，他总会选择一条的，我想其中的一个车轮痕迹，大概是凶手之前由相反的道路，骑上坡或者下坡，走过警察所倒卧的那条路。根据两车前轮和后轮所留下的痕迹，应该可以看出凶手是从哪条路逃走的。"

卫斯理探长详细比较了两条路上的自行车车轮痕迹，发现右侧道路的痕迹，前轮后轮大致相同，而左侧的道路前轮的痕迹会比后轮浅。于是卫斯理探长立刻知道了凶手逃走的方向。

★牛刀小试★

你能推断出凶手是从哪条路逃走的吗？推断的依据是什么？

凶手是沿着右侧的岔路逃走的。通常骑自行车时，骑者的重量都是加在后轮上面的，因此在平路或是下坡时，前轮的痕迹较浅，后轮的痕迹较深。可是上坡时，因为骑者的力量向前倾，而重心是置于自行车的踏板与把手之间，所以前轮与后轮的痕迹深度就会完全相同。因此可以判断出凶手是从右侧路逃走的。

大红龙虾

日本广岛海边有一家专门经营龙虾的餐馆，老板横田是一位非常善良、慷慨的人，餐馆的生意很好，许多人都是餐馆的老主顾。

一天，人们发现横田老板在厨房里被人杀死了，而且他的衣兜里的现金也全被人掏走了。极度悲伤的老板娘贞子马上打电话报了警。

很快，山田警长带人来到案发现场。贞子一边哭一边对山田警长说："警长先生，我丈夫是一个慷慨、热心的大好人，每当有流浪汉来我们店里，他总是给他们东西吃，没想到现在他却遭到这样的不幸。警长先生，我认为一定是那个穿着蓝色上衣的人干的，我在20分钟前看到他和我丈夫在厨房里说了话，然后就发生了这样的事情。"

贞子说完，便领着山田来到一个身着一件又脏又破的蓝色外套的人面前，说："就是他，警长先生，千万不能让他给跑了。"

山田警长把这个人上下打量了一番，估计此人是个流浪汉，于是便问道："老板娘刚才说的话你都听见了吗？"

这个人马上辩解道："尊敬的警长先生，我刚才确实跟横田老板说话了，但是我可什么都没干。刚才横田老板说要给我东西吃，我看见他把一条大红龙虾放在锅里，他告诉我20分钟后就可以来吃了，所以我就在这儿等着了。"

山田听罢，笑了笑说："你真是太不会狡辩了，快点老实交代，你为什么要杀死这样一位好人！"

★牛刀小试★

请问，你知道山田警长为什么会认定这个人就是凶手呢？

因为龙虾只有煮熟了后才会是红色的，流浪汉说，横田老板把红色的龙虾放进锅里煮，试想老板怎么会把已经煮熟的龙虾再煮一次呢？显然流浪汉在撒谎，他一定是杀害横田老板的凶手。

报案的女秘书

国际电子产品博览会即将在加州举办，来参加博览会的，都是世界上著名的企业家。安东尼警探亲自负责保卫工作，他在机场和宾馆里，派出了大批警察，荷枪实弹站岗，还有很多便衣警察，在暗中保护着贵宾。

博览会开幕前的一天晚上，警察局的报警电话响了，接起电话，安东尼警探心头一紧，原来，最担心的事情还是发生了！英国一家大公司的总经理赶来参加博览会，下午刚住进五星级大宾馆，就在卧室里被人杀害了。

安东尼警探赶到宾馆，在保安的带领下，来到死者的卧室。那是一间很大的套间，里面的设备和装潢非常豪华，墙壁上挂着昂贵的名画，地上铺着厚厚的土耳其驼毛地毯，很柔软，走在上面软绵绵的。总经理倒在地毯上，后脑勺上有一个窟窿，流了很多血。桌子上有一部电话，话筒没有搁在电话机上，就扔在旁边。

这时，有一位身穿职业装的女士走过来，哭着说："我是总经理的秘书，半小时前，我乘飞机到加州，下了飞机以后，马上和总经理通电话，正说着呢，听到话筒里总经理大叫一声，然后听到扑通的一声，好像是人倒在地上的声音，再后来，又听到一阵匆忙的脚步声，好像是凶手逃跑的声音。我知道情况不好，马上打电话报警，然后叫了一辆出租车，刚刚赶到这里。"

安东尼警探低着头，在房间里来回踱着步，房间里安静极了。忽然，他停住脚步，严厉地对女秘书说："你说的都是谎话！"

★牛刀小试★

聪明的读者，安东尼警探为什么说女秘书在撒谎呢？

死者的卧室里铺着厚厚的土耳其驼毛地毯，安东尼警探踱着步走来走去都听不到自己的脚步声，可是女秘书却说从听筒里听到人倒地的声音及匆忙的脚步声，显然是撒了谎。

11

车祸疑案

　　贝克大街上发生了一起车祸，一辆汽车撞伤了一个老人并且逃跑了，警察根据各种线索，当天晚上就找到了肇事嫌疑人霍尔姆斯，一个1.9米的大高个子男人。

　　霍尔姆斯说："我今天上午没用过这辆车，是我妻子用的。"

　　警察看了看霍尔姆斯的妻子，这是位娇小玲珑的金发美人，身高不过1.5米。她向警方证实了丈夫的话。

　　警察说："根据目击者提供的线索，撞人的汽车噪声很大，好像消声器坏了。"

　　"这个很简单，那咱们就去试一下吧！"霍尔姆斯把警察带到车库，打开车门，然后舒舒服服地坐在驾驶座位上，发动马达，在街上转了一圈，一点噪声也没有。

　　警察看着霍尔姆斯的表演，微微一笑道："别再演戏了，这个消声器是你刚刚换上的。"霍尔姆斯依然强辩道："警察先生，没有证据的事可不能乱说啊。"

　　警察说出自己的理由，霍尔姆斯立马瘫软在座位上，老老实实交代了犯罪的经过。

★牛刀小试★

聪明的读者，你知道警察是如何判断出霍尔姆斯就是肇事者的吗？

他们夫妻两人身高差别很大，那么霍尔姆斯在给警察演示消音器装置的时候就不会是"舒舒服服地坐在驾驶座位上"了，显然霍尔姆斯和妻子说了谎。

被盗的足球俱乐部

深夜，歹徒们弄灭了马赛大街上的全部路灯，随后撬门钻入金靴子足球俱乐部，把俱乐部里所珍藏的奖杯、奖品以及足球等值钱的东西席卷一空。负责侦破此案的保罗·贝拉米探长苦于一直找不到线索，这时有个抱着毛茸茸的小猎狗的中年男子来找贝拉米探长，说他目睹了一切。

贝拉米探长朝他点点头，请他把看到的一切讲一遍。

"情况是这样的。午夜刚过，我的'兰博基尼'，"他指指膝上的小狗说，"它呜呜直叫，吵得我不能安睡。我不得不带它出去溜达。当我走到马赛大街时，前面黑乎乎的。我继续往前走……刚要转到威尔街时，发现一辆卡车停在俱乐部门前——"

"离你多远？"贝拉米探长打断了他的叙述。

这名男子回忆了一下，回答道："约100米，可以肯定，不会近于100米的。两个男子把许多东西从俱乐部里往外搬，放在卡车上，装满一车后，连车灯也没有打开，就悄悄开走了。"

说着，他从口袋里取出一张纸片，"这是卡车的车牌号，我看见后马上记下的。我想对你们会有用处的。"

贝拉米探长点点头，用一种令人捉摸不透的古怪神色，看看"兰博基尼"，又看看目击者，随后转身对副手说："凯瑞，我看今晚这位先生不能回去了，今晚这儿有空房间吗？"

"有的，探长。"凯瑞奇怪地瞧了瞧贝拉米探长。

"那好，你可以把这位先生和他的'兰博基尼'关起来。不要怠慢这条小狗，给它喂点水。不管怎么说，狗是没有错的。"

目击者一听，顿时气愤得跳了起来，"你……这是什么意思？"

贝拉米探长笑笑说："无论你是在瞎编，还是存心把我们引向歧途，你都不是一个诚实的人。"

★牛刀小试★

请问：贝拉米探长为什么说这名男子不是一个诚实的人？

人的视力是不可能在"黑乎乎"的夜晚看清楚100米以外的卡车的车牌的，显然这个目击者在撒谎。所以贝拉米说这名男子不是一个诚实的人。

闹钟报警

维尔斯是名优秀的特工人员，曾经获取了大量的敌方情报，被敌方的情报部门视为眼中钉，他曾多次遭受暗杀，可他凭着机智勇敢，一次又一次躲过了这些危险。

这一次，俄罗斯情报部门得知维尔斯在海边度假，就派出本国最出色的暗杀者卡斯洛谋杀维尔斯。

卡斯洛没费多少力气就找到了维尔斯。跟踪后的第三天，卡斯洛搬到了维尔斯住的酒店，在维尔斯房间的对面住了下来，并决定今天晚上就动手。

卡斯洛在自己的手枪上装好消音器，在傍晚时候，他用万能钥匙打开维尔斯的房门，溜进了房间。他看了看表，距离维尔斯回来还有大约1小时时间，便打开床头灯，搜索房间里的物品。搜索了一会儿，没有发现什么有价值的东西，卡斯洛把灯关了，静静地等维尔斯回来。

10分钟后，外面传来了维尔斯开门的声音。听走路的声音有点站立不稳，像是喝醉了似的。走进走廊的时候，维尔斯好像稍微迟疑了一下，接着，卡斯洛看到一个黑影扑进卧室，他立刻开枪，准确地击中了那个黑影。

正当卡斯洛以为大功告成的时候，忽然，他又听到一声枪响，然后一阵剧痛让他倒在地上。维尔斯打开灯走了过来，微笑着说："对不起，刚才进来的是我的衣服——我一进门就知道有客人来过。"

卡斯洛痛苦地低下头，他大声问道："为什么……为什么你知道有人来过？"

维尔斯拿起床头的闹钟晃了晃说道："你很不走运，如果不开灯的话，现在倒下的人就是我了。"

★牛刀小试★

聪明的读者，你知道维尔斯是怎么知道有人来过的吗？为什么？

是床头的闹钟告诉维尔斯的。因为，闹钟一般都在指针上涂有荧光粉，这种荧光粉具有储能性，就是在受到自然光、灯光、紫外光等照射后，能把光能储存起来，在停止光照射后，再缓慢地以荧光的方式释放出来。刚刚关掉灯的话，因为荧光粉吸收了不少光能，闹钟的指针会显得比之前没有开灯的情况下更亮一些，所以维尔斯一进门看到闹钟的指针散发的亮光就知道有人来过了。

悬崖下的女尸

警方接到了报案，著名旅游风景区黑石滩的海边悬崖下发现一具女尸。探长罗曼德立即带上了精干的助手赶赴现场。

经过现场勘查，尸体伏在悬崖下的碎石上，悬崖高达数十米，在悬崖上面，发现了死者的一只鞋子。被发现的尸体趴在悬崖下的碎石上，衣服上血迹斑斑，浑身伤痕，身上穿着一件大衣，一只脚穿着鞋子，一只脚赤裸着，一副太阳镜架在死者的鼻梁上。

闻讯赶来的死者亲属说死者最近做生意失败又加上感情受挫，心情很糟糕，但是她是个坚强的人，是不会选择死亡来逃避的。她这次出门只是为了散心，出门的时候也很理智，不像是自杀的样子。

警察仔细地勘查了地形，考察了现场，最后的结论都是一致的，不管从哪个方面看，这都是一宗自杀案件。

但罗曼德却总觉得心里不踏实，总觉得有什么地方不对劲，只是他一时半会也想不出到底是什么。

据亲属的说法，这名女子不太可能自杀，但是罗曼德还拿不出确凿的证据来。于是他再次仔细地观察尸体及其周围的环境。

突然，他大叫一声："慢着，不要动她，这是谋杀案！尸体是被人搬运过来放在这里的，然后伪装成她是自杀的假象！"助手和围观的人们议论纷纷，都搞不清为什么会这样。

★牛刀小试★

聪明的读者，你能猜出罗曼德探长发现了什么吗？为什么？

尸体鼻梁上架着的太阳镜。因为，如果是自杀的话，由悬崖上跳下来的时候，眼镜应该会摔掉，不可能还端端正正地架在鼻梁上。

自杀的接线员

加利福尼亚州一家工厂的电话接线员史密斯摔死在工厂的电话室楼下，探长西蒙接到报案后，立即带领助手约翰赶到了现场。

两人到现场一看，只见四层总机值班室的窗户大开，显然死者是从四楼上摔下来的，手中还抓着一条湿抹布。二人来到楼上一查，发现电话总机值班室的暗锁和插销都完好无损。两人又来到楼下，只见越来越多的围观者都在低声议论着，一些人还大声地说死者一定是在上面擦洗窗户时不慎失足掉下来摔死的。

难道史密斯真的是摔死的吗？西蒙开始细细地勘查现场。

西蒙先查看了楼上办公室的门，接着又来到楼下，很快，在二楼外阳台上发现了一片树叶，这片树叶引起了他的注意。他轻轻地把树叶拿起，仔细地观察，发现树叶上有一小块红点，他判断这个红点一定是血迹。

这时，助手约翰走了过来，对他说道："探长，与死者熟悉的人向我反映，近几日根本没有发现死者的情绪有何反常，所以，我想这可以排除自杀的可能。另外，大家还反映，死者生前作风正派，群众关系非常好，所以，也没有他杀的可能性。"

"约翰，你的调查和分析都有道理，但是，我发现了一个非常重要的证据，我估计可以证明死者是被谋杀的。"

说完，西蒙便把那片带有血迹的树叶拿到约翰面前。他让约翰看了一下后，便对约翰说道："我们现在分头行动，你去调查死者的家庭情况，我去局里对树叶的血迹和死者的血型进行化验，看看它们是否吻合。"

两人马上开始了行动。仅仅一天工夫，先是约翰的调查结果出来了：原来史密斯与妻子的关系不好，他的妻子一直在找借口要求史密斯与她离婚，可史密斯始终不同意，所以他的妻子有作案动机。

之后，西蒙的化验结果也出来了，化验结果证明，树叶上的血迹与死者血迹完全吻合。两项调查一综合，西蒙认定，死者的妻子嫌疑最大，于是，他果断地带着约翰将死者的妻子布兰妮带到了警察局派出所，经过审问，布兰妮交代了犯罪事实：那天晚上，布兰妮趁史密斯一人值班之时，悄悄地进入电话室，趁丈夫不备，将史密斯杀死。然后伪造了因擦玻璃不慎失足落地而死的现场。可她万万没想到，尽管她竭尽全力清理了现场，但还是被西蒙从一片树叶上的血迹发现了证据。

★牛刀小试★

聪明的读者，你知道西蒙探长如何从树叶上的血迹看出来是谋杀案的吗？

树叶出现在二楼外的窗台上，而且带有血迹，如果那天没有风的话，说明死者受伤时血从四楼滴洒到二楼了，或者是从四楼掉下的过程中，血滴洒到二楼，绝对不可能是血从楼下飞溅到二楼的窗台上。所以，不是自杀而是谋杀。

16

候选的小·提琴手

金碧辉煌的音乐演播厅里，演出马上就要开始了，为了保证演出质量，乐队的首席小提琴手演奏员，由格雷恩和马格利特两人一起担任。在每一场演出前半个小时，由指挥福斯特临时决定到底谁上场演奏。

格雷恩和马格利特是师兄弟，演奏水平不相上下，不过，格雷恩更得到福斯特的赏识，所以长期下来，格雷恩上场演出的机会更多一些。

这天的演出，听说有著名的小提琴大师要来观看，格雷恩和马格利特都暗暗希望自己能够上场演奏，万一得到大师的赞扬，那以后就可以名利双收了。

照例，演出前半个小时，福斯特做出了决定，让演奏水平更高的格雷恩出场。格雷恩先生收到指示以后，马上来到化妆间化妆，化完妆后，他还要调试3分钟的琴弦，然后才能上场演奏。可是，就在开场前10分钟，人们发现格雷恩不见了！四处寻找之后，居然在堆放道具的小房间里，发现格雷恩被人勒死了。

马克探长收到消息赶到现场，这时离开场只剩3分钟了，为了

不影响演出，指挥福斯特只好决定，让马格利特准备上场。马格利特接到通知匆匆来到化妆间，一边化妆一边伤心地说："放心吧师兄，我一定会好好演出来悼念你的。"

上场的铃声响起，马格利特熟练地从琴盒里拿出小提琴，跑上台来立马演奏起来，马克探长站在后台，一边观看演出，一边细心地向乐团团长了解情况。

演出获得了巨大的成功，马格利特那天发挥得特别好，他看到小提琴大师在向他微笑点头，表示赞赏。他谢完幕，兴高采烈地回到后台，却没想到马克探长早就等着他了。他一到，马克立马严厉地对他说："马格利特，恭喜你演出成功，不过，你享受不了成功带给你的一切了。请跟我回警察局吧。"

★牛刀小试★

请问，你知道马克探长是如何发现马格利特是杀害格雷恩的嫌疑犯的？

小提琴手在临演前的几分钟，都要先调好琴弦，而马格利特从琴盒里拿出琴来立马就能演奏，说明他事先已经调好了琴弦，也就是说他事先知道今天肯定会演出，所以马克才认定他与格雷恩的死有莫大的关系。

都是灯泡惹的祸

　　夏日的某个夜晚，扎克利侦探来到他的一位金融家好友的家里，这是他们提前约好的。扎克利探长到来时是仆人开的门，说是金融家正在书房，仆人招呼他在客厅坐下后，自己上楼去通报。不到1分钟，二楼突然传来了惊叫声。接着，仆人慌张地出现在楼梯口，朝着扎克利大喊道："不好了，主人可能遇害了！"

　　扎克利听罢，立即跑上楼去查看，书房的门紧闭，两人使劲敲门也不见动静，于是扎克利与仆人一起使劲撞开了书房的门。书房里没有开灯，月光透过窗户射了进来，书桌的上方有一盏吊灯。

　　仆人对扎克利说："我刚才来敲门，没人回应，门从里面反锁着。我从锁孔往里一瞧，只见主人趴在桌上一动不动。忽然，房中漆黑一片，我猜一定是凶手做完坏事关了灯跑了！"

　　扎克利用手摸了摸灯泡，发觉灯泡是冰凉的。他迟疑了一下，打开灯，只见金融家的头部遭到人的重击，已经死在书桌上了。

　　扎克利问仆人："你从锁孔看时，书房的灯泡是亮着的吗？"

　　仆人回答说："是的，先生。那一幕实在太可怕了。"

　　"不，你在说谎，凶手就是你！"扎克利说着就给仆人戴上了

手铐。

★牛刀小试★

聪明的读者，你知道扎克利怎么知道仆人就是凶手吗？

灯泡工作一段时间之后，温度会升高。扎克利用手摸灯泡时灯泡是冰凉的，说明灯泡工作时间不久。若是仆人看到主人遇害，罪犯关了灯逃掉的话，从扎克利两人跑到楼上到破门的时间很短，灯泡的温度绝对不会降低到冰凉的状态。所以扎克利断定仆人就是杀害金融家的凶手。

巧取手提箱

一列开往曼彻斯特的列车即将靠站，这次停靠的站是个小镇，停车时间很短。因此，旅客们都急匆匆地赶着下车去。突然，一位女士急叫道："天啊！我的手提箱不见了。"

刚巧，戴维探长正好在这个车厢中。戴维听到这位女士的叫声，马上赶过来帮忙，他告诉女士叫她别急，看看是不是有人拿错了手提箱，女士赶紧朝四处张望，果真看到一位男士提的箱子像自己的，这位男士正向车门走去。于是，她快步冲了上去，抓住那个男士说："先生，这是你的手提箱吗？怎么跟我的一模一样？"

男士怔了一下，看看手提箱，马上道歉说："哦，对不起，是我拿错了。"于是把手提箱还给女士，自己朝出口走去。

戴维侦探看到这里，立即追过去拉住那位男士说："先生，你下错了车，你还没到站呢，快回去！"说着，不由分说就把男士拉上了车，然后他叫来警长说："这个男人是个小偷，快把他抓起来。"警长把那个男子带到警备车厢，果然从他身上搜出了很多现金、首饰等值钱物品，那男子在事实面前只好坦白招供。

★牛刀小试★

聪明的读者，你知道戴维侦探是怎样看出那位男士是个小偷的吗？

男士说他拿错了手提箱，照理，是应该赶快回到车厢拿回自己的手提箱才能下车的，但他却往出口走，显然他并不是拿错了箱子，而是想偷走女士的手提箱。所以男士也并没有下错车，是侦探故意这样说的，这样才能把小偷抓住。

溺死的新娘

　　一年冬天，伦敦发生了一件奇特的案件。新娘玛格丽特溺死在浴缸里时，她正和新婚不久的丈夫劳埃德在伦敦蜜月旅行。起初是她受凉感冒觉得身体不适，劳埃德便陪她去看医生。后来就回到住处洗澡，却不料死在浴缸里，医生说她患了重感冒，泡热水澡的时候很可能引起昏厥，以致溺死在浴缸里。

　　警官布莱克着手调查这个案件。宾馆的值班经理告诉他，劳埃德在定下这间房子之前曾仔细看过洗澡间。布莱克不由得仔细测量了一下浴缸，铁制的浴缸底部长50英寸（约1.2米），上距60英寸（约1.52米）。简直难以想象，一个成年人怎么会淹死在这么小的浴缸里!

　　布莱克又仔细地询问了法医，答复是没有任何暴力行为的痕迹。法医唯一感到不对头的是，死者的丈夫劳埃德似乎没有一点悲伤之意，仅仅为死者买了一口最便宜的棺材，匆匆下葬了事。布莱克进一步了解到，新娘在死前不久曾留有遗嘱：遗产归劳埃德继承。而且死者有保险公司的赔偿费，也归劳埃德所有。于是他认定劳埃德有重大嫌疑，遂下令追捕劳埃德。

在追捕劳埃德的过程中，布莱克又获得了情报：在过去的五年中，曾先后发生过两起新娘溺死在浴缸的事件。死者都是新婚不久的新娘，死在新婚的蜜月旅游地。更巧合的是，开始都有去看过医生，其中一个是心脏病，一个是癫痫病，看病后不久就溺死在浴缸里，医生诊断均为疾病突然发作而导致溺水死亡。

不仅如此，死去的新娘都立有遗嘱，财产都归丈夫继承。如此巧合肯定不是意外！布莱克立即分析出这三名受惠的丈夫虽然名字不相同，但很可能就是同一个人。

劳埃德很快被捕。布莱克直截了当指出：发生在五年里三起新娘溺死于浴缸的丈夫就是劳埃德一个人。劳埃德开始还百般狡辩。但当布莱克要以化名进行登记的罪名对他起诉时，他只得承认了事实：他确实是三名新娘的丈夫。

布莱克从查阅档案中获知：劳埃德的真名叫乔治·约瑟夫·史密斯，是一个保险公司经纪人的儿子，是个十足的无赖，因诈骗和偷窃服过几次刑。但没人看到过他杀过人。要提出起诉，必须说明他怎样把受害者淹死而不留下任何暴力痕迹的做法和道理。这正是布莱尔百思而不得其解的地方。于是他向内务部病理学家史伯纳德·史比尔请教，邀请他进行法医方面的工作。

三只浴缸都被搬到了警察局，史比尔围着浴缸来回徘徊，他觉得，三个被害者中那个患癫痫的新娘最有典型性。她身高79英寸（约2米），怎么溺死在50英寸（约1.2米）长的浴缸里呢？受害者的身材与浴缸尺码之间的比例，差异实在太大。如果是癫痫病发作，其症状先是强直性收缩，那她的上半身必然会在浴缸之上，再是强烈痉挛，更不可能沉下水去。但有一点引起了他的注意，三个死者都是头在水下，双腿伸开，两脚却伸出水面之上。他终于想明白了罪犯作案的手段。

<h2 style="text-align:center">★牛刀小试★</h2>

你知道罪犯的犯罪手段是什么吗？

凶手是从浴缸尾端，抓住毫无戒备之心的新娘的双脚突然把新娘拉向自己的身边，这样，受害者的上身就会滑到水下，鼻腔和咽喉遭到突然进水，引起昏厥而迅速失去知觉。

20

船长被杀谜案

某个秋天的早上，大约9点左右，沃尔斯侦探和助手尼德兰来到海边散步。就在他正要跟尼德兰说回去的时候，看见不远处的沙滩上停着一艘小帆船，静静地倾斜在沙滩上，此时正是退潮的时候，沃尔斯感到有些不对劲，于是对着船舱大声喊了几声，没人回答，于是就和助手走近帆船。他们沿着放锚的绳子爬到甲板上，往阴暗的船室一看，吓了一跳，呈现在眼前的是一个男人躺在血泊中。

沃尔斯判断这个男人应该是这小船的主人，只见这位船长的手中紧握着一半被撕破的旧航海图。他躺卧的床头上，竖着一根已经熄灭了的蜡烛，蜡烛的上端呈水平状态。也许船长是点燃蜡烛在看航海图时被杀害的，凶手杀死船长后就吹熄了蜡烛，夺去航海图后逃之夭夭。

沃尔斯又做了进一步的调查，据附近的渔民反映，这艘船大约是昨天中午停泊在此处的，由于船舱里白天也是非常阴暗的，因此船长被害的时间并不一定是晚上，那么船长到底是何时遭到毒手的呢？

★牛刀小试★

请问，你能推算出船长何时遭到毒手的吗？推算的依据是什么？

应该在昨天晚上9点左右。

从蜡烛的上端溶解部分呈水平状态看，船长遇害应该是上次退潮时，而海水的涨潮和退潮，其间总是隔着6个小时左右，轮流变化着。这艘船被发现的时候是上午9点左右，推出上次退潮是昨晚9点。